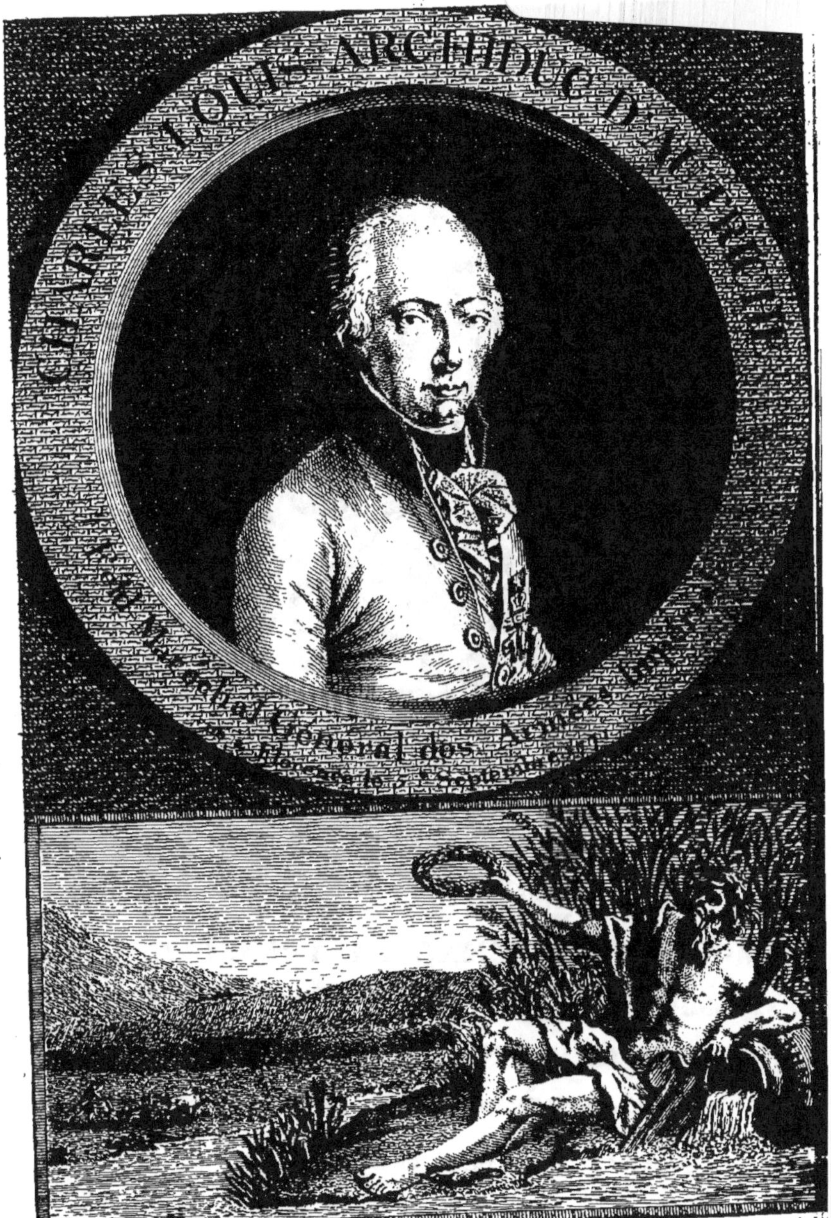

Peint d'après nature par J. V. Ströhling à Vienne, et publié
par hr. de Mechel, en 1797, et se trouve chez lui a Basle

MOREAU GENERAL DE DIVISION
REMPLACE LE GENERAL PICHEGRU
PROVISOIREMENT CONNU COME UN
HABILE GUERRIERE
ALL ARMÉE DU NORD.

L'empressement qu'on a eu de satisfaire la curiosité du public, n'ayant pas permis de donner à la carte qui se trouve en tête de cet ouvrage, toute la perfection qu'on auroit pu y mettre, on a pris le parti de la charger de peu de traits de gravure, afin de la rendre plus propre à être enluminée. Avec le secours des couleurs elle aura un coup d'oeil très-agréable, et sera très-intelligible. Il faut observer de laver en jaune les tranchées et les travaux de l'ennemi; en couleur tranchante, pourpre par exemple, ceux des Français; et de détacher par une couleur de sable les graviers qui sont renfermés dans des contours pointillés. Il faut aussi se rappeler que le Rhin y est représenté dans les eaux moyennes; qu'il étoit beaucoup plus haut lors du passage; qu'à cette époque on ne pouvoit y voir aucun gravier, au lieu qu'il étoit plus bas lors du siége de Kehl, et alors les graviers étoient beaucoup plus étendus, et quelques petits bras du Rhin étoient à sec.

L'éditeur de cet ouvrage publiera dans peu de temps, une carte très-soignée du siége de Kehl, dont l'exactitude sera certifiée par l'État-major-général de l'armée de Rhin et Moselle.

Il a été publié sur le même sujet à Darmstadt, chez Felsing, une carte qui présente plusieurs inexactitudes quant aux travaux de notre armée; la simple inspection de notre carte suffira pour les redresser.

La relation du passage du Rhin effectué le 1.er Floréal V.e année, sera l'objet d'un second mémoire, qui sera incessamment imprimé, et auquel on joindra la carte du cours du Rhin dans la partie où ce passage a eu lieu.

MÉMOIRE

MILITAIRE

SUR KEHL.

MÉMOIRE MILITAIRE SUR KEHL,

Contenant la relation du passage du Rhin par l'armée de Rhin et Moselle, sous le commandement du général Moreau ; et celle du siége de Kehl.

L'on y a joint le précis des opérations de la campagne de l'an IV.

Par un Officier supérieur de l'armée.

À STRASBOURG,

Chez FRANÇ. GEORGE LEVRAULT, impr. libraire, rue des Juifs, N.º 33 ;

Et à Paris, chez FUCHS, libraire, rue des Mathurins, maison Cluny.

1797. (an V.)

MÉMOIRE MILITAIRE

SUR KEHL,

Contenant la relation du passage du Rhin par l'armée de Rhin et Moselle, sous le commandement du général Moreau; et celle du siége de Kehl.

IL n'est pas un événement de la campagne qui vient de se terminer, qui n'ait acquis à l'armée de Rhin et Moselle la reconnoissance de la nation, l'admiration de la postérité, et le respect des nations ennemies. Partie, après avoir battu l'ennemi, le 2 messidor, de devant la tête de pont de Mannheim, elle passe le Rhin à Kehl le 6, pénètre au loin sur le Danube et jusqu'en Bavière. Forcée à un mouvement rétrograde *par des circonstances qui lui sont étrangères*, ayant son flanc gauche entièrement découvert, ses derrières mal assurés, et inquiétés par des partis ennemis et des paysans insurgés, sa retraite est une suite de combats et de victoires. Obligée de repasser le Rhin, elle termine sa brillante carrière par l'opiniâtre défense d'un poste, important à la vérité, mais encore si faible qu'elle-même ne l'eût pas jugé digne d'une attaque régulière. Fatiguée par des marches longues et pénibles, manquant souvent des objets les plus nécessaires au soldat, elle perfectionne à la vue de l'ennemi, qui déjà les attaque, des retranchemens qui ne sont qu'ébauchés; et, dans la saison la plus âpre, elle lui fait perdre devant une fortification de campagne, autant de temps, de munitions et de soldats, qu'il en eût coûté autrefois pour le siége d'une des plus fameuses forteresses. Mais dans le nombre des opérations militaires de cette glorieuse campagne, il n'en est pas d'aussi remarquables que celles dont Kehl a été le théâtre : le passage du Rhin et le siége de ce fort sont des événemens uniques dans leur genre, par les circonstances singulières qui les ont accompagnés. Il n'est pas jusqu'à l'affaire du deux complémentaire qui ne suffise seule pour rendre à jamais célèbre le lieu où elle s'est passée ; et l'histoire de Kehl, dans la seule campagne de 1796, peut offrir à l'homme de guerre une source d'instructions et de réflexions

capables d'avancer les progrés de l'art militaire.

Quelque jour sans doute une main habile
et plus digne du sujet ornera cette histoire
des grâces du style et des charmes de la
diction; mais en attendant il est peut-être
utile qu'un militaire qui a été placé de manière à bien en voir les détails, les trans-
mette à ses concitoyens dans une simple
relation, qui n'aura d'autre mérite que son exactitude : la curiosité du public sera promptement satisfaite, et ces détails précieux à
conserver ne risqueront pas d'être ense-
velis dans l'oubli par l'attention qui va se
porter naturellement sur les opérations ulté-
rieures qui se préparent pour la prochaine
campagne.

C'eût été pour l'armée et pour toute la
république un grand avantage de pouvoir
se maintenir sur la rive droite du Rhin:
mais si le passage de ce fleuve, si les premiers succès qui l'ont suivi, n'ont pas eu
toutes les suites heureuses qu'on pouvoit s'en
promettre, qu'importe à la gloire de l'armée
et à celle de ses chefs, s'il n'y a pas eu

de leur faute dans les circonstances qui l'ont forcée de repasser le Rhin et d'évacuer Kehl? et si nous ne sommes guères plus avancés qu'en prairial, relativement à la position topographique de nos armées, nous avons au moins retiré de la campagne un avantage inappréciable, celui d'avoir épuisé les ressources de l'ennemi et ménagé les nôtres, en vivant à ses dépens.

Le plan de ce mémoire se borne au récit du passage du Rhin, et à celui des principaux événemens qui se sont passés à Kehl depuis que les revers de l'armée de Sambre et Meuse ont forcé à la retraite celle de Rhin et Moselle, jusqu'à l'évacuation de ce fort. Il sera accompagné d'une carte où l'on trouvera réunis les détails nécessaires à l'intelligence des opérations de ce passage et de celles du siége de Kehl.

Passage du Rhin.

DE toutes les opérations militaires, il n'en est pas de plus délicate que le passage de grands fleuves à la vue de l'ennemi; il n'en est pas qui exige plus d'intelligence

et de connoissances locales pour en concevoir le projet, et pour combiner et arrêter
le plan des opérations partielles qui doivent
y concourir; il n'en est pas qui exige plus
de discrétion et de prudence pour les préparatifs, plus d'énergie et d'audace pour
l'exécution. Aussi, lorsqu'aux difficultés ordinaires à de pareilles entreprises les localités et les circonstances ajoutent encore
de nouveaux obstacles (1), le succès de-

____

(1) Le glorieux succès de cette entreprise, qui a
tout d'un coup changé le théâtre de la guerre et
rompu tous les plans des ennemis, a fait sur les esprits
une profonde impression. Pendant qu'il produisoit
l'admiration générale et la reconnoissance des bons citoyens envers l'armée, il excitoit fortement le dépit de
ces malveillans que nos succès affligent et qui ne jouis-
sent que de nos revers : aussi n'ont-ils rien négligé pour
en atténuer la gloire par des suppositions absurdes,
mais souvent trop avidement recueillies par la cré-
dulité et l'ignorance. On n'a pas manqué d'insinuer
d'un côté que le passage étoit vendu par les généraux
ennemis; de l'autre, on a exagéré la mauvaise conduite
des troupes qui étoient destinées à s'y opposer : on a
fait ressortir les fautes de l'ennemi pour se dispenser de
convenir de la valeur de nos troupes. C'est pour détruire
l'effet de ces faux bruits que j'ai cru qu'il serait utile
de publier une relation exacte des détails de cet événement, et des préparatifs qui l'ont précédé. J'espère
qu'elle remplira le but que je me suis proposé.

A 4

vient un de ces événemens frappans, dignes d'être transmis par l'histoire aux générations futures. Tel est sans contrédit le passage du Rhin effectué dans la nuit du 5 au 6 messidor, an 4.e, par l'armée de Rhin et Moselle.

Le passage du Rhin par Louis XIV en 1672, si célébré par les poëtes, n'a rien de comparable à celui-ci. Il eut lieu près du fort de Tolhuys, dans un endroit où l'extrême sécheresse avoit rendu le Rhin guéable, et le succès en est dû entièrement à la bravoure vraiment étonnante de la cavalerie française, qui traversa le Rhin à la nage, sabre en main, et culbuta les troupes hollandoises en bataille sur la rive opposée.

Turenne passa le Rhin à Ottenheim, au commencement de la campagne de 1675; campagne fameuse et savante, qui, au jugement du chevalier Folard, est à la fois le chef-d'oeuvre de ce grand capitaine et de Montécuculli : mais ce passage, dont l'établissement dura quatre jours, ne lui fut point disputé. Montécuculli, qui avoit formé le projet d'entrer en Alsace par le pont de Strasbourg, cherchoit à attirer Turenne dans

les environs de Mannheim et de Philippsbourg, en lui donnant de l'inquiétude sur
cette dernière place, vers laquelle il marchoit avec toutes ses forces, et il avoit entièrement abandonné la partie du Rhin où
passa Turenne.

Enfin, si l'armée de Sambre et Meuse
s'est immortalisée par le passage du même
fleuve près de Düsseldorf dans la campagne
précédente, on conviendra que le passage
du 6 messidor ne le cède à celui-ci, ni par
la difficulté de l'entreprise, ni par l'intelligence et le courage qui en ont assuré le
succès. Aussi je pense que, lorsqu'on en
connoîtra les détails, il ne sera plus permis
de douter qu'il ne doive aller de pair avec les
plus célèbres passages de fleuves à force
ouverte, dont l'histoire fasse mention; qu'il
en est peu qui aient été mieux conduits et
mieux exécutés, et qu'il n'en est aucun où
le nombre des victimes dont on ait eu à regret-
ter la perte ait été si peu considérable (1).

____

(1) Il est difficile de connoître au juste le nombre des
hommes tués ou blessés dans une affaire ; mais je crois
que de notre côté nous n'avons pas eu plus de deux

La suspension d'armes qui avoit retenu tout l'hiver dans l'inaction les armées sur le Rhin, n'étoit pas encore rompue, que le gouvernement avoit déjà conçu le projet de porter entièrement le théâtre de la guerre sur la rive droite de ce fleuve, et l'armée de Rhin et Moselle étoit destinée à tenter ce passage sur le Haut-Rhin. Cette entreprise paroissoit présenter tant de difficultés, qu'avec d'autres que des François on eût pu la regarder comme impossible; (1) on manquoit de beaucoup d'objets nécessaires pour l'exécution d'un pareil dessein.

---

cents blessés et un nombre de morts bien inférieur. Le citoyen Girard, capitaine du 2.e régiment d'artillerie à pied, a été une des premières victimes de cette honorable journée; le citoyen Bec-de-lièvre, chef de bataillon de la 3.e demi-brigade d'infanterie légère, y a été blessé.

(1) La disette de chevaux de transport, que l'on éprouvoit alors, et qui ne permettoit pas d'en affecter un seul aux équipages de bateaux, étoit un obstacle capable d'y faire renoncer un génie ordinaire. A la vérité, les deux Départemens du Rhin pouvoient fournir un très-grand nombre de chevaux: mais le temps nécessaire pour les requérir et les rassembler auroit donné à l'ennemi le moyen de pénétrer nos projets et de les faire échouer; il étoit donc dangereux d'user de cette ressource.

Néanmoins, vers la fin de floréal, les mouvemens des troupes dans les armées respectives annonçant la rupture prochaine de l'armistice, on commença à se concerter sur l'opération projetée, et à s'occuper des reconnoissances nécessaires pour déterminer les différens points d'attaque et en arrêter le plan général. Il fut bientôt convenu que le principal passage auroit lieu au-dessus de Kehl. Ce point étoit déjà bien reconnu, et offroit beaucoup d'avantages pour le transport des bateaux par le canal de navigation jusque dans le bras Mabile et le grand Rhin ; mais, d'un autre côté, il présentoit beaucoup d'obstacles à l'établissement des troupes en terre ferme, attendu qu'elles ne pouvoient aborder qu'à des îles marécageuses et très-fourrées (1), et que

---

(1) Le Rhin, dans la partie de son cours comprise entre Basle et Philippsbourg, a son fond composé d'un gravier mobile, que le courant, qui est très-rapide, déplace continuellement ; il forme des îles nouvelles, emporte les anciennes, et change souvent de lit et de direction. Il en résulte que la largeur totale de son lit est semée d'une multitude d'îles grandes et petites, de bas-fonds et d'arbres déracinés, qui en rendent la navigation difficile et très-dangereuse, et que,

la plaine où il falloit se former immédiatement après le passage, étoit coupée de
digues, de fossés et de flaques d'eau, et
que l'ennemi y avoit réuni beaucoup de
moyens de défense.

Le cordon de l'ennemi étant d'environ
mille hommes par lieue, il falloit absolument, pour l'empêcher de réunir sur le vrai
point d'attaque assez de forces pour culbuter nos premières troupes, détourner son
attention par de fausses attaques, et l'on
chercha deux points dans les environs de
Strasbourg, l'un au-dessus, l'autre au-dessous, qui fussent propres à des débarque-

---

ne se trouvant jamais réuni dans un seul bras, il est
très-difficile d'y exécuter un passage. Aussi cette immensité d'îles dont le cours du Rhin est semé, et la
nature de ses rives marécageuses et couvertes de bois,
faisoient penser au maréchal de Turenne qu'un passage du Rhin à force ouverte étoit presqu'impossible
dans cette partie. La vue de la carte ci-jointe, où le
Rhin est représenté sur un point où il est le plus rassemblé et le plus favorable à un passage, doit suffire
pour détromper les personnes qui, n'ayant vu que des
rivières tranquilles et renfermées entre deux rives
parallèles, croient que le Rhin ressemble à ces rivières, et que partout on peut le franchir, à la vue de
l'ennemi, avec de l'audace et des bateaux.

mens assez considérables. Entre ceux-ci et Kehl on convint d'en chercher encore d'autres où l'on pût faire diversion par de fausses attaques moins importantes. Il falloit choisir ces points tels qu'on pût y conduire les bateaux par eau, et sans que l'ennemi s'en aperçût, et tels que l'embarquement des troupes pût se faire à l'abri de quelques îles favorables. Tant de conditions qu'il falloit réunir rendoient très-rares les endroits propres à ces attaques; aussi ce ne fut qu'après un grand nombre de reconnoissances pénibles et minutieuses qu'on parvint à les déterminer.

Il falloit aussi, pour réussir, mettre le plus grand secret dans les préparatifs. Les bateaux d'artillerie, très-propres à la construction des ponts, ne l'étant pas pour le transport des troupes, à cause de leur peu de capacité et de leur forme trop cintrée, qui les rend difficiles à manoeuvrer dans l'eau, il falloit profiter des ressources que nous avions dans les bateaux de commerce de la ville de Strasbourg et ceux de la rivière d'Ill: mais, pour que la réquisition et le rassemblement

qu'il en falloit faire ne donnassent pas à l'ennemi le moyen de pénétrer nos projets, il
fut décidé que cette réquisition se feroit
par les administrations militaires, et qu'on
y mettroit toutes les formes nécessaires pour
faire présumer que ces bateaux seroient
destinés au service des transports des vivres
ou fourrages de l'armée. L'état qu'on dressa
du nombre et de l'espèce de ces bateaux
n'absorboit pas à beaucoup près toutes les
ressources du pays en ce genre.

La rupture de l'armistice paroissoit s'ap-
procher. Pour ne pas donner l'éveil, on
profita du temps qui restoit encore avant
le commencement des hostilités, pour faire
rassembler près de l'écluse du canal de
navigation un équipage complet de ponts,
de soixante bateaux, muni de tous ses agrêts,
et, dès ce moment jusqu'à la veille du passage, on évita soigneusement d'avoir l'air
de s'occuper de bateaux et de tout ce qui
y a rapport. Les reconnoissances prépara-
toires durèrent jusqu'au 20 prairial.

L'on détermina que la fausse attaque supérieure se feroit vis-à-vis de Missenheim.

L'attaque de Kehl étoit la principale ; les bateaux qui devoient y être employés, devoient être conduits de l'intérieur de la ville de Strasbourg par le canal de navigation, et, en remontant le bras du Rhin appelé le bras Mabile, où devoient s'embarquer les troupes, venir doubler la pointe de l'île des Épis, et traverser le grand Rhin pour aborder les îles de la rive gauche, qui ne sont séparées du continent que par des bras assez étroits.

L'attaque inférieure, qui devoit aussi être véritable, et qui avoit pour but de passer un corps de troupes de six mille hommes, pour mettre Kehl entre deux feux, devoit se faire en avant de Gambsheim, aboutir un peu au-dessous du village de Diersheim, dont ces six mille hommes devoient s'emparer en débarquant, pour de là marcher sur Kehl en remontant le Rhin.

Ces trois attaques devoient être secondées par deux intermédiaires, mais moins importantes, et qui n'avoient d'autre but que de s'emparer de quelques îles, et d'attirer, ou plutôt de diviser, l'attention de l'ennemi par quelques coups de canon. Il fut décidé que celle entre Missenheim et Kehl se feroit à la batterie de Béclair, vis-à-vis Goldschir, et celle entre Kehl et Gambsheim, à la redoute d'Isaac, au-dessous de la Ruprechtsau.

Ce plan ainsi arrêté fut approuvé par le général en chef : il envoya à Strasbourg les adjudans généraux Belle-avène (1), de Caen et Abatucci (2), qui devoient conduire les premières colonnes, pour reconnaître le terrein, et mettre de l'activité dans les préparatifs.

L'état des bateaux destinés à l'expédition fut combiné d'après le nombre des troupes nécessaires, et celui des bateaux et pontonniers disponibles, et arrêté ainsi qu'il suit :

---

(1) Cet officier, qui réunit aux talens d'un habile militaire les qualités sociales les plus estimables, a eu, quelques jours après le pasage du Rhin, une jambe emportée d'un coup de canon à l'affaire de Rastadt.

(2) Ce jeune général a été blessé à mort en soutenant l'assaut donné à la téte de pont d'Huningue le 11 frimaire an 5.ᵉ, après avoir contribué de sa personne à la vigoureuse résistance de ce fort, qui a illustré cette journée.

Attaque

	NOMBRE de Pontonniers.	NOMBRE d'hommes d'embarquement.	
ATTAQUE SUPÉRIEURE.			
Missenheim.			
4 Nacelles à 3 pontonniers et 20 hommes d'embarquement..................	12	80	} 500
7 Bateaux de la rivière d'Ill, à 4 pontonniers et 60 hommes d'embarquem. chacun.	28	420	
Batterie de Béclair.			
2 Nacelles.................	6	40	} 160
2 Bateaux d'Ill...........	8	120	
ATTAQUE DU CENTRE			
Sur Kehl.			
12 Nacelles................	36	240	
15 Bateaux d'Ill...........	60	900	
12 Grands bateaux de Strasbourg, à 5 pontonniers et 200 hommes d'embarq.	60	2400	} 3540
60 Bateaux d'artillerie pour un pont.................	44	=	
3 Nacelles pour idem......	=	=	
2 Grands bateaux pour un pont volant.............	12	=	
3 Nacelles pour idem.....	=	=	
ATTAQUE INFÉRIEURE.			
Redoute d'Isaac.			
2 Nacelles.................	6	40	} 160
2 Bateaux d'Ill...........	8	120	
Gambsheim.			
10 Nacelles................	30	200	
10 Bateaux d'Ill...........	40	600	
10 Grands bateaux de Strasb.	50	2000	} 2800
1 Grand bateau plat ou bac pour du canon..........	6	=	
2 Grands bateaux pour un pont volant.............	12	=	
159 Embarcations,..........	418	7160	

L'attaque de Missenheim, ainsi que les fausses attaques intermédiaires de Béclair et de la redoute d'Isaac, destinées à détourner l'attention de l'ennemi, ont parfaitement rempli ce but; mais la hauteur extraordinaire des eaux, et des obstacles naturels (1) qu'on n'avoit pas pu reconnoître, firent échouer celle de Gambsheim, qui avoit pour objet de faire un débarquement de six mille hommes d'infanterie, de quelques chevaux et de quelques canons, pour marcher sur Kehl en remontant le Rhin, et prendre à dos les troupes ennemies qui auroient voulu nous disputer le passage de la Kintzig, et pour

(1) Parmi les causes qui ont fait échouer l'expédition de Gambsheim, on doit compter le retard qu'ont éprouvé dans leur marche les bateaux qui y étoient destinés, par la malveillance des bateliers de Strasbourg, qui en avoient caché les gouvernails, et par l'exactitude mal-adroite de l'officier de garde à la porte des pêcheurs, qui, sous pretexte de ne vouloir pas enfreindre une consigne mal entendue, a arrêté plus d'une heure cette colonne de bateaux aux grilles du pont national. Il y a cependant quelques bateliers qui n'ont pas partagé la mauvaise volonté justement reprochée à cette classe, et de ce nombre sont les citoyens Rockenbach, Helck, André Zabern, père, et quelques autres.

s'emparer en même temps de la route de Rastadt, par où pouvoient arriver les renforts les plus considérables. Ainsi, après avoir fait connaître l'objet des quatre attaques secondaires, et tracé le tableau des forces qu'on y avoit destinées, nous ne rentrerons plus dans le détail de ce qui s'y est passé : le récit en seroit d'un intérêt médiocre, et détournerait l'attention qui doit se fixer principalement sur la véritable attaque, celle de Kehl.

Nous devons cependant au public les noms des chefs qui les ont commandées. Celle de Gambsheim l'étoit par le général Beaupuis (1), ayant sous ses ordres le

____

(1) Le lendemain, en débouchant de Korck pour aller attaquer le camp de Wilstett, ce brave général fut blessé de cinq à six coups de sabre dans une charge terrible des cuirassiers du régiment d'Anspach. Il a depuis été tué d'un coup de canon, à l'affaire du 28 vendémiaire sur les bords de l'Elst, et sa mort nous a été très-funeste dans cette journée. J'ai été témoin des regrets touchans des soldats de sa division, et des plaintes amères qui leur échappèrent dans cette circonstance contre l'excès d'audace de quelques-uns de nos généraux, qui s'exposent trop facilement, sans songer combien leur perte peut compromettre le succès

général S. Susanne, et les adjudans-généraux Belle-avène et Le Vasseur ; les troupes qui y étoient destinées sont revenues soutenir l'attaque de Kehl. Celle de Misenheim étoit dirigée par l'adjudant-général Pellegard ; celle de la redoute d'Isaac, par le citoyen Viellard, capitaine de grenadiers à la 89.ᵉ demi-brigade, et celle de Béclair, par le citoyen Mangin, capitaine de la 74.ᵉ demi-brigade.

Il paroît que la réquisition et le rassemblement des bateaux de commerce, qui eurent lieu du 20 au 26 prairial, inspirèrent quelques soupçons à l'ennemi, puisque quelques jours après il établit entre Korck et Wilstett un camp de six mille hommes (1). Ce camp étoit un nouvel obstacle à l'entreprise qu'on méditoit; il devoit la rendre et

---

d'une affaire et le salut de leur troupe. La Rochefoucauld a dit : „ La plupart des hommes s'exposent assez „ dans la guerre pour sauver leur honneur; mais peu „ se veulent exposer autant qu'il est nécessaire pour „ faire réussir le dessein pour lequel ils s'exposent. » Il semble que là plupart de nos généraux prennent à tâche de réaliser l'opposé de cette maxime.

(1) On a porté beaucoup plus haut le nombre des

plus difficile et plus meurtrière. Néanmoins, par la juste confiance que nous avions dans la bravoure de nos troupes, on ne désespéra pas du succès: rien ne fut changé au premier projet; on n'augmenta même pas d'un seul homme le nombre déjà déterminé des troupes de débarquement.

Vers les derniers jours de prairial, toutes les reconnoissances étant faites, les projets arrêtés, et tous les moyens préparés, l'époque de l'expédition fut définitivement fixée à la nuit du 5 au 6 messidor.

En vain eût-on rassemblé tous les bateaux nécessaires au débarquement, en vain eût-on développé les plus grands moyens pour assurer le succès de cette entreprise délicate; si l'ennemi eût pénétré nos vues, il l'eût fait échouer infailliblement: il étoit donc

troupes ennemies campées à Wilstett. Suivant certains rapports, mais très-exagérés, ce camp contenoit dix-huit mille hommes. Ce qu'il y a de certain, c'est qu'un bon observateur y a compté dix-huit cents chevaux défilant pour aller à l'abreuvoir; ce qui, d'après la proportion ordinaire de la cavalerie à l'infanterie, doit faire ajouter foi aux rapports qui ne le portent qu'à six mille hommes. Le général Stein et son adjudant général Müller commandoient cette réserve.

nécessaire de lui donner le change et d'attirer loin de là ses principales forces. C'est en cela que les savantes manoeuvres du général Moreau ont si bien contribué au succès du passage.

Le deux messidor il ordonne devant la tête du pont de Mannheim une reconnoissance, et les troupes qui les premières doivent passer le Rhin à Kehl, partent du champ de bataille, dérobent si bien leur marche à l'ennemi, qu'il n'apprend ce mouvement que lorsqu'elles sont déjà sur la rive droite (1). Le gros de l'armée suit à peu de distance, et semble, pour ainsi dire, n'avoir fait qu'un saut de la Rehbach jusque sur la Kintzig ; et l'habileté et la rapidité de cette manoeuvre décident le succès du passage. Il n'est pas bien difficile, en effet, de surprendre un passage et de débarquer des troupes, dans un endroit où l'ennemi n'a

______

(1) Les corps destinés à passer les premiers à Kehl avoient reçu des ordres pour aller jusqu'à Besançon, d'où ils devoient se rendre à l'armée d'Italie : on leur avoit préparé des logemens et des vivres sur cette route. L'ennemi a été complétement la dupe de ce stratagème.

qu'un cordon : mais faire faire vingt-cinq lieues à une armée ; la porter en entier sur la rive opposée d'un grand fleuve, lorsque l'ennemi la croit encore dans son ancienne position (1); combiner ce mouvement de manière à être presque certain de consolider son établissement avant que l'ennemi ait le temps de rassembler assez de forces pour vous battre; ce sont de ces actions qui suffisent pour placer un général au rang des plus habiles capitaines.

Les troupes de l'avant-garde étant arrivées

(1) C'est une singularité bien remarquable, qu'au moment où le passage du Rhin étoit décidé, lorsque le jour et l'heure de l'opération étoient fixés, l'ennemi de son côté faisoit mine de vouloir tenter le passage vers le Haut-Rhin : on doit se rappeler les inquiétudes que le public avoit conçues à cette époque, dans la crainte d'une invasion de la part de l'ennemi en Alsace.

Quelques personnes comptent au nombre des opérations diversives qui ont facilité notre passage, la retraite de l'armée de Sambre et Meuse à la même époque; d'autres, et c'est la majorité, pensent au contraire que cette retraite n'étoit rien moins que simulée, et que le passage du six messidor est arrivé à propos pour dégager cette armée. Je laisse à chacun son opinion, attendu que je n'ai aucune notion certaine qui puisse servir à me décider sur cet objet.

le 5 messidor dans les environs de Strasbourg, on s'occupa dans la ville des préparatifs que la nécessité du secret avoit fait
différer jusque-là. Les portes de la ville
furent fermées ; on expédia d'abord les embarcations destinées aux autres attaques,
pour ne plus s'occuper ensuite que de ce
qui étoit relatif à celle de Kehl.

Les barques, ainsi que les troupes d'embarquement, furent partagées en quatre di-
visions ou colonnes, destinées à aborder sur
quatre points différens.

La première colonne, destinée à débarquer
sur les îles cc, devoit avoir en tête quatre
nacelles, suivies de sept bateaux d'Ill et de six
grands bateaux de commerce : elle devoit
être conduite par l'adjudant-général Abatucci.

La seconde colonne n'étoit composée que
de deux nacelles ; son objet étoit de jeter
sur l'île d une cinquantaine d'hommes, pour
chasser les postes que l'ennemi pouvoit avoir
sur cette île.

La troisième colonne, formée de quatre
nacelles et deux bateaux d'Ill, étoit chargée
de la tâche la plus difficile : elle devoit cher-

cher l'embouchure d'un bras nommé Ehrlenrhin, le remonter une cinquantaine de toises, et aborder sous une batterie de trois pièces de canons, cotée *e*, dont il étoit nécessaire de s'emparer pour le succès de l'opération, attendu qu'elle eût foudroyé les troupes débarquées dans l'île *f*, et qu'elle eût nui à l'établissement du pont volant qui devoit passer le reste de l'avant-garde. Le commandement de cette colonne fut confié à l'adjudant-général Decaen.

La quatrième colonne, forte de deux nacelles, six bateaux d'Ill et six grands bateaux, et commandée par l'adjudant-général Montrichard, devoit débarquer sur l'île *f*, et se diviser, moitié vers la partie supérieure de l'île, pour y chercher des barrages qu'on espéroit y trouver, moitié vers le côté inférieur, pour s'emparer du pont *g*, avant que l'ennemi eût eu le temps de le rompre, et communiquer par-là avec les troupes de la première ou de la troisième colonne, suivant que ce pont, dont on ne connoissoit pas au juste la position, se seroit trouvé supérieur ou inférieur à la batterie *e*.

Le 5 messidor, à neuf heures du soir, toutes ces embarcations avoient filé hors de la ville par le canal de navigation, dans l'ordre indiqué ci-dessus, et à dix heures elles étoient toutes arrivées à l'écluse du péage, cotée *o*. Là on embarqua quatre pièces de quatre démontées, dans quatre bateaux différens, dont deux pour la première et deux pour la quatrième colonne; ensuite on se mit en marche en remontant le bras Mabile jusqu'au point *b*, désigné pour l'embarquement des troupes, qui étoient en bataille au lieu marqué *a*. Il étoit plus de minuit lorsque l'on commença à entrer dans les nacelles. Le temps étoit très-serein et très-calme; le clair de lune, qui nous étoit défavorable, exigeoit beaucoup de précautions et le plus grand silence. L'ennemi avoit sur les bords du Rhin des postes qui n'étoient pas à deux cents toises de nous, et, de nuit, à une si petite distance, le moindre bruit pouvoit nous trahir. Le second bataillon de la troisième demi-brigade d'infanterie légère, et le premier de la seizième, furent embarqués les premiers. L'ordre admirable avec lequel se fit cet embarquement, la bonne volonté des soldats, et l'ardeur des chefs, étoient du meilleur augure. Cependant, avant que l'embarquement pût être assez avancé pour faire partir les premières nacelles, le canon des fausses attaques supérieures et inférieures se fit entendre, et il étoit à craindre que cette circonstance ne donnât l'éveil aux postes de la rive et ne rendît très-dangereux les premiers abordages : l'événement a prouvé que l'on ne s'en étoit pas aperçu à Kehl ; car on peut dire que les premières gardes ont été surprises.

Enfin, les bateaux légers des quatre colonnes étant remplis, à une heure et demie, le général donna le signal du départ ; ils remontèrent le long de la rive gauche, jusque vers la batterie dite de Custine, pendant qu'on continuoit à charger les gros bateaux qui devoient suivre et soutenir les premiers, et qui partoient à mesure qu'ils étoient chargés. Toutes ces barques traversèrent le Rhin, et abordèrent à la rive droite, aux points respectifs qui leur avoient été désignés, avec autant de bonheur que d'adresse ; car il n'y eût pas un seul bateau qui se perdit, pas un qui n'abordât à peu près à son rang.

Les troupes débarquèrent avec beaucoup d'audace, sans tirer un seul coup de fusil, et emportèrent à la baïonnette tous les postes ennemis, qui n'eurent que le temps de faire leur première décharge et de s'enfuir. La surprise et l'effroi dont ils furent saisis, ne leur permirent même pas de couper les petits ponts de communication (1) qui se trouvoient sur les bras du Rhin qui nous séparoient encore de la terre ferme.

La troisième colonne, chargée de remonter le bras d'Ehrlenrhin et d'aborder la batterie *e*, essuya, en y arrivant, un coup à mitraille de chaque pièce qui s'y trouvoit, dont elle reçut peu de dommage, et elle s'empara brusquement de cette batterie; celle cotée *i* fut abandonnée après avoir aussi tiré quelques coups, et l'ennemi fut réduit

____

(1) Tous ces ponts, composés seulement de deux madriers flottans à fleur d'eau, étoient si frêles qu'ils furent entièrement usés au bout de quelques heures, et avant que la totalité de notre avant-garde y eût passé. Le pont *g* était connu; on ignoroit seulement s'il étoit supérieur ou inférieur à la batterie *e*.

à se défendre dans les deux redoutes 7
et 9 (1).

La moitié de la quatrième colonne, qui
avait filé sur sa droite dans le haut des îles
d'Ehrlenrhin, pour y chercher des barrages
ou des ponts de communication au continent, avoit eu le bonheur de s'emparer de
quelques petits ponts, avant que l'ennemi
eût pu les couper. La partie qui s'étoit dirigée
vers le pont g, s'en étoit aussi heureusement
emparée. Les troupes de la première colonne avoient également passé, sur un pareil
pont, le vieux Rhin de Kehl aux environs
de la batterie i, ensorte que toutes les troupes débarquées, composant les trois colonnes
principales, se réunirent dans la plaine entre
les deux digues sur le terrain voisin de la
batterie e.

Le nombre d'hommes jeté sur la rive
droite par ce premier débarquement, pouvoit être de deux mille cinq cents environ.
Ils avoient à enlever les deux redoutes 7

____

(1) Ces deux redoutes, d'ont l'une prendra le nom
de redoute du cimetière, et l'autre, de redoute des trous
de loups, deviendront célèbres dans l'histoire de la
défense de Kehl.

et 9, et à soutenir le choc des troupes que l'on devoit présumer que l'ennemi détacheroit du camp de Wilstett pour les culbuter: ils avoient conséquemment besoin de recevoir promptement des renforts.

A la suite des bateaux de débarquement, on avoit fait remonter dans le bras Mabile deux grands bateaux chargés des agrès nécessaires pour l'établissement d'un pont-volant, et derrière ceux-ci venoit l'équipage de pont de soixante bateaux d'artillerie dont il a déjà été fait mention. Dès que l'éveil avoit été donné, on avoit commencé à travailler dans le bras Mabile à la construction de ce pont-volant. Il étoit prêt d'être achevé à la pointe du jour : mais, comme il falloit encore près de deux heures pour lui faire doubler la pointe des épis, le conduire à sa place et en jeter les ancres; que la grande hauteur des eaux et l'extrême rapidité du Rhin exigeoient que l'on mît beaucoup de circonspection à ces opérations, le général, pour accélérer le passage des renforts à la rive droite, ordonna que les bateaux qui avoient servi au premier débarquement seroient ramenés à la rive gauche pour en faire un second. Cette manœuvre s'exécuta pendant l'établissement du pont volant, et l'on se procura ainsi, en attendant qu'on pût s'en servir, le moyen de doubler nos forces sur la rive ennemie par des convois successifs de ces bateaux de transport. Le pont volant fut entièrement établi vers six heures du matin, et on s'en servit pour passer quelques chevaux, qui défilèrent avec bien de la peine sur ce petit pont g; mais on ne put en faire usage pour passer de l'artillerie, attendu que les communications dans les îles d'Ehrlenrhin étoient impraticables pour du canon. Tout le reste de la matinée fut employée à passer de l'infanterie, et par le pont volant, et tout à la fois par les bateaux de transport, qui faisoient continuellement la navette, mais dont le service étoit néanmoins rallenti par la force de la dérive occasionée par la grande rapidité du fleuve.

L'intention du général étoit de ne faire travailler à la construction du pont que lorsque nous serions entièrement maîtres dé Kehl, de façon que sans artillerie, presque sans cavalerie, mais avec une infanterie excellente, il falloit emporter les redoutes 4, 7 et 9, et la ville et le village de Kehl, et résister aux efforts de la réserve campée à Wilstett.

Notre avant-garde, alors composée des deux bataillons d'infanterie légère dont il a déjà été fait mention, et d'une partie des 31, 56.ᵉ et 89.ᵉ d'infanterie de ligne, se divisa pour attaquer à la fois les redoutes; une partie suivit la digue et marcha à celle du cimetière, et l'autre se dirigea vers celle des trous de loups.

La redoute du cimetière et la batterie *k* avoient inquiété par quelques coups de canon l'établissement du pont volant, mais sans succès. Elles étoient elles-mêmes battues par notre batterie *h* de la rive gauche, et nos canonniers tiroient avec tant de justesse que plusieurs de ceux de la redoute eurent les têtes emportées; aussi ne fit-elle pas une longue résistance.

L'attaque de la redoute 9 (des trous de loups) fut plus sérieuse. Elle débuta par

une

une fusillade terrible et bien soutenue de part et d'autre. Elle étoit défendue par trois cents hommes d'infanterie et cinq bouches à feu. Elle fit pendant quelque temps une défense très-vigoureuse ; mais, tournée par la gorge et assaillie de toute part, elle céda à la fin à l'audace de nos troupes (1). On y fit, entr'autres, prisonnier le fils du prince de Fürstenberg.

Après la prise de cette redoute l'ennemi ne se défendit que foiblement. Nos tirailleurs le chassèrent du fort (2), de la ville et du

---

(1) C'est à l'attaque de cette redoute que quelques-uns de nos tirailleurs, étant sautés dans les fossés, et prêts à monter à l'assaut, ne pouvant plus se servir avantageusement de leur feu, assaillirent d'une grêle de pierres lancées par-dessus les retranchemens ceux qui les défendoient, et les en accablèrent tellement que cette nouvelle manière de combattre ne contribua pas peu à en accélérer la prise.

(2) Ce seroit induire le lecteur en erreur que de lui laisser croire que le fort de Kehl étoit à cette époque en état de défense. Construit par les Français sur les dessins du maréchal de Vauban, il fut cédé à l'Empire par le traité de Risvick en 1697. Le maréchal de Bervick s'en empara après dix jours de siége en 1733. Démoli, après avoir été encore une fois cédé à l'Empire par le traité de Bade, il n'avoit pas été rétabli depuis ; il n'en existoit que les fondemens ; les

village de Kehl, et de la redoute étoilée 4 ; il ne nous disputa point le passage de la Kintzig, comme on auroit pu s'y attendre ; et à dix heures du matin, nous étions maîtres de tous ces postes, et nous repoussions l'ennemi sur la route d'Offenbourg.

Il ne se passa plus rien de bien intéressant le reste du jour. Le pont volant et les bateaux de transport passoient sans relâche de l'infanterie : on se tirailla de part et d'autre jusqu'à la nuit, et nous fîmes encore quelques prisonniers. Nous prîmes en tout dans cette journée quatre à cinq cents hommes, deux mille fusils, treize pièces de canon, un obusier et plusieurs caissons.

A deux heures après-midi, on commença à s'occuper de la construction du pont. Il avoit été d'abord convenu qu'on l'établiroit un peu au-dessous du pont-volant aboutissant à l'île d'Ehrlenrhin ; mais comme on

---

parapets et les reliefs en étoient effacés ; les fossés en étoient comblés, et les redoutes de la plaine, construites depuis la guerre actuelle, une fois enlevées, il n'offroit guères plus de moyens de résistance qu'un simple village, et n'étoit conséquemment pas à l'abri d'un coup de main.

se trouvoit entièrement maître de Kehl et dans une position à pouvoir sans danger le placer bien plus avantageusement à la gorge du fort, on résolut de l'établir à environ cent cinquante toises en dessous du vieux pont, dans un endroit coté l, où le Rhin se trouve partagé en deux bras par une île basse et sablonneuse. On fit descendre de la pointe des épis l'équipage de pont qui y étoit rassemblé, et dès qu'il fut arrivé au-dessous de l'emplacement désigné, on travailla à la construction du pont. Ce travail fut commencé à six heures du soir, continué toute la nuit, et entièrement terminé sur les deux bras entre dix et onze heures du matin (1). De la célérité de cette opération dépendoit le succès de toute l'expédition, car les troupes débarquées, sans artillerie ni cavalerie, se trouvoient dans une

______

(1) Ce pont fut formé de quarante-sept bateaux sur les deux bras du Rhin, trente-sept sur le grand courant, et dix sur le bras de Kehl. Pour faciliter la communication du pont volant avec la rive droite en terre ferme, on avoit construit simultanément sur le bras d'Ehrlenrhin, à la place du petit pont g, un pont de bateaux qui a subsisté jusqu'à la fin du siége de Kehl.

position précaire et très-inquiétante, et ce n'étoit qu'après l'entière construction du pont que l'on pouvoit se flatter d'avoir établi le passage du Rhin d'une manière assurée.

L'ennemi, ne pouvant plus prendre le change sur le vrai point d'attaque, eût pu joindre aux six mille hommes campés à Wilstett, les troupes répandues en ligne à quelques lieues de distance, et rassembler ainsi un corps de dix mille hommes environ, avec lequel il eût pu nous attaquer, et faire tous ses efforts pour nous culbuter dans le Rhin. On s'y attendoit, et sans doute les sages dispositions des généraux Désaix et Férino, qui avoient passé le Rhin, secondées par le courage des troupes, auroient arrêté ses efforts; mais il n'entreprit rien, et il n'osa pas nous attaquer. Nous avons dû vraisemblablement là tranquillité dont nous avons joui pendant la nuit du six et la matinée du sept à l'irrésolution des généraux ennemis, à la terreur et à la confusion si ordinaires en pareil cas parmi des troupes qui se sont laissé surprendre.

Enfin l'entier établissement du pont, en

ôtant à l'ennemi tout espoir de nous repousser, acheva d'assurer notre position sur
la rive droite, et mit fin aux inquiétudes occasionées naturellement par la position
critique de la nuit. A midi l'artillerie légère et les troupes à cheval défiloient déjà
dans Kehl, et le reste de la journée et la
nuit suivante furent employés à faire passer le
reste de l'armée. La division précédemment
chargée de défendre les gorges des Vosges
sous les ordres du général S. Cyr, fut la
seule qui, n'étant pas arrivée à cette époque,
ne passa le Rhin que quelque temps après.

Le village de Neumühl fut emporté le
même soir, et dès ce jour tout sembloit
présager à l'armée une suite de succès
rapides. En effet, dès le dix notre position
étoit telle que le quartier-général put s'établir
à Kehl, et le même jour on substitua un
second pont de bateaux à la place du pont
volant. Le treize, le quartier-général fut
transféré à Wilstett, le dix-neuf à Nider-
Acheren, et la marche de l'armée fut si
rapide que dans un court espace de temps
sa position exigea que l'on établît des com-

munications sur le Rhin depuis Huningue jusqu'à Lauterbourg.

Ainsi cette grande entreprise, déjà tentée infructueusement en 1793 (1), fut couronnée du plus heureux succès, et le théâtre de la guerre s'éloigna de nos frontières et fut transféré des rives du Rhin à celles du Danube.

Quelques personnes l'ont-regardée comme une entreprise téméraire ; elles affectent de n'en attribuer la réussite qu'à la poltronnerie

(1) Le passage du Rhin tenté le 17 septembre 1793, à Huningue, à Niffren, à Kehl et à Fort-Vauban tout à la fois, n'a échoué que parce qu'il étoit très-mal concerté, et qu'on avoit mis trop de précipitation dans ses préparatifs. On n'avoit pris conseil que de l'ignorance et de l'étourderie. On avoit à cette époque abondance de moyens en tout genre, et si on avoit dirigé cette opération avec la prudence, le sang froid et l'intelligence nécessaires, elle auroit infailliblement réussi. On a beaucoup inculpé à cette époque la conduite du corps des pontonniers, et ce même corps, dans la campagne qui vient de se terminer, a donné des preuves non équivoques de zèle et de bravoure ; il a mérité que les généraux en fissent un éloge brillant, et, indépendamment du passage du Rhin, il a puissamment concouru aux belles défenses des têtes de pont de Kehl et d'Huningue : ce qui prouve qu'il ne lui a manqué en 1793, pour acquérir la même gloire, que l'avantage d'être bien conduit, et d'être l'agent d'une opération raisonnablement combinée.

et à la mauvaise composition des troupes peu aguerries qui gardoient la ligne du Rhin (1), et à quelques hasards heureux qui ont secondé notre audace : suivant leurs calculs, il n'étoit pas à présumer que nous pussions en revenir, et si la réserve, campée à Wilstett, eût fait son devoir, notre avant-garde devoit être culbutée.

Je conviens que c'est une action très-

______

(1) Il est bien vrai que les troupes de Souabe qui formoient le cordon, et qui composoient en partie le camp de Wilstett, étoient moins aguerries que les troupes autrichiennes; mais compte-t-on pour rien la terreur qui saisit les meilleures troupes lorsqu'elles sont surprises? Le moral du soldat influe infiniment sur l'issue de toutes les actions de la guerre, et en pareille circonstance l'assurance de celui qui attaque lui donne beaucoup d'avantage sur un ennemi déconcerté et tremblant, et à qui l'effroi ne permet pas de tirer parti de tous ses moyens de défense. Aussi suis-je persuadé que les meilleurs régimens autrichiens ne se seroient pas mieux défendus que les troupes des cercles, dans le cas où ils auroient été également surpris. D'ailleurs il y avoit aussi des corps autrichiens à la garde du Rhin, puisqu'on a fait le premier jour des prisonniers du corps franc de Giulay, et le régiment des cuirassiers d'Anspach, qui le surlendemain a fait une charge si vigoureuse, étoit à portée. La défense de la redoute des trous de loups est aussi très-honorable pour les troupes qui en étoient chargées.

hasardeuse que de passer un fleuve comme le Rhin à la vue de l'ennemi; que la situation où se trouvent les troupes débarquées, jusqu'à ce qu'elles aient un pont, est très-critique: mais cependant, lorsqu'on a parfaitement combiné ses opérations, qu'on a réussi par d'habiles manoeuvres à donner le change à l'ennemi, et qu'on peut compter sur le courage des troupes, il me semble qu'on peut entreprendre un passage sans être accusé d'une témérité aveugle. A la guerre on n'attaqueroit jamais son ennemi, si on ne le faisoit qu'avec l'entière certitude de le battre, et je pense que pour tenter le coup le plus hardi il suffit à un général de la probabilité de réussir, et qu'il doit faire entrer pour beaucoup dans le calcul de ses avantages la surprise et l'étonnement qu'inspirent toujours une tentative audacieuse.

Pour mettre le lecteur à même d'apprécier le pour et le contre, je vais essayer d'indiquer tous les obstacles que la nature et l'art pouvoient nous opposer, en supposant que l'ennemi ait tiré parti de toutes ses ressources, et en montrant en même temps quels étoient les moyens que nous avions préparés pour assurer notre victoire. J'espère prouver que si l'exécution de notre projet présentoit de grandes difficultés, nous avions pris de grandes mesures pour les vaincre, et que la probabilité du succès étoit telle, que ce n'est pas, comme on le prétend, uniquement à la mauvaise conduite de l'ennemi et à quelques incidens heureux que nous en sommes redevables.

Je ne ferai pas entrer en ligne de compte toutes les entraves que notre situation, et la disette qu'on éprouvoit alors à certains égards à l'armée du Rhin, ont apportées à nos préparatifs; je ne parlerai pas non plus des obstacles qui résultoient de l'état du fleuve, extrêmement gonflé par la fonte des neiges qui a lieu dans les Alpes à cette époque, ni du clair de lune qui pouvoit trahir le secret de l'embarquement, ni de toutes les contrariétés qu'on éprouve nécessairement dans les accessoires d'une opération aussi compliquée et qui entraîne autant de détails. Quoique la moindre de ces contrariétés suffise quelquefois pour faire tout manquer, comme à force d'efforts et de persévérance nous pouvions maîtriser les événemens sur notre rive, je ne mettrai dans la balance que les obstacles qu'il dépendoit de l'ennemi de nous opposer, à compter de notre abord sur celle qu'il devoit défendre.

Admettons à la rigueur que les postes répandus dans les îles *c*, *d*, *f*, et dans la batterie *e*, aient fait leur service avec assez de surveillance pour n'être pas surpris, et pour que leurs sentinelles aient aperçu les premières barques, à leur débouché du bras Mabile; supposons même que tous ces postes se soient mis sous les armes pour s'opposer à l'abordage des bateaux : est-il présumable que de simples gardes eussent pu empêcher le débarquement d'une flotille entière, dont le Rhin fut couvert en un instant, et qui portoit plus de deux mille hommes bien déterminés? et n'étoit-il pas au contraire très-vraisemblable, qu'en voyant les premières barques suivies d'un nombre considérable de grands bateaux pour les soutenir, elles s'enfuiroient et qu'elles iroient porter l'effroi dans les corps dont elles faisoient partie, en exagérant encore, comme de coutume, le nombre des assaillans? De la pointe des épis il ne faut que quelques minutes et quelques coups de rame pour traverser le Rhin; ainsi l'effet de l'artillerie ennemie ne devoit pas non plus nous en imposer beaucoup: on sait qu'à cette heure les canonniers sont endormis; qu'avant qu'ils aient tout préparé, et qu'ils puissent tirer le premier coup de canon, il s'écoule bien quelques minutes; sans compter qu'une pareille alerte répand toujours beaucoup de confusion dans leur service. En effet, chaque pièce qui eût pu contrarier le débarquement ne tira qu'un coup; et comme la batterie *e*, reconnue pour la plus fortement armée et la plus dangereuse par sa position, fut abordée par une colonne qui débarqua immédiatement sous ses embrasures, et qu'elle fut enlevée à la baïonnette, la première défense de l'ennemi se trouva paralysée avant qu'il eût pu en tirer quelque parti: on devoit s'y attendre d'après les mesures que nous avions prises et la connoissance parfaite que nous avions de ses postes et de ses batteries. Aussi n'étoit-ce pas sur le succès de ce premier pas que l'on devoit concevoir le plus d'inquiétudes, et ce n'est pas à la lâcheté des troupes ennemies qu'on doit l'attribuer (1); car il est toujours très-probable que des troupes, quelqu'excellentes qu'on les suppose, qui seront disséminées en petits postes pour la garde d'une ligne quelconque, ne la

---

(1) Ce premier succès est dû certainement en partie à la justesse des dispositions qu'on avoit faites, et aux combinaisons par lesquelles on avoit déterminé les points d'abordage des différentes colonnes. Effectivement, on peut se convaincre facilement, et par le récit que nous avons fait et par l'inspection de la carte, que la troisième colonne, en remontant le bras d'Erlenrhin et abordant à la batterie *e*, nous procura à la fois le double avantage d'éteindre le feu de la batterie la plus dangereuse, et de nous donner pied en terre ferme. Cette opération étoit difficile. D'abord il étoit possible que les bateliers manquassent l'embouchure de ce bras, qui est assez étroite ; ensuite il falloit beaucoup d'audace pour le remonter à force de rames un espace de plus de cinquanse toises : aussi fut-elle confiée aux bateliers les plus hardis, et l'adjudant-général Decaen, depuis général de brigade, officier aussi intelligent qu'intrépide, fut chargé de la commander.

défendront avec un peu de vigueur que lorsqu'elles se seront attendues et auront été
préparées à l'attaque, et qu'elles auront en
même temps l'espérance d'être promptement secourues par des réserves; et il n'en
étoit pas ainsi.

Parvenus à débarquer, nous avions encore
bien des obstacles à franchir; mais c'étoit
déjà un grand point d'avoir un pied en terre
ferme, et des troupes à l'autre bord d'Ehrlenrhin, pour tendre la main à celles qui
avoient encore ce bras à passer. En cou-
pant ses petits ponts de communication et
entr'autres le pont g, l'ennemi auroit infailliblement retardé notre passage. Néanmoins, au moyen des bateaux de transport
de la 3.e colonne et de quelques agrès de
pont préparés à cet effet à la pointe des
épis, on seroit bientôt parvenu à faire un
pont plus solide et plus commode que le
pont g sur lequel on a défilé un à un ; il
auroit été terminé avant que l'ennemi ait
eu le temps de rassembler assez d'infanterie
pour marcher à nous. Quant à la cavalerie,
elle n'eût été de nul effet dans un terrain

marécageux, couvert de broussailles, et coupé de digues et de flaques d'eau. Il étoit naturel d'ailleurs d'imaginer que dans le premier moment de la surprise, l'ennemi n'auroit ni le temps ni la présence d'esprit nécessaires pour couper ces ponts, et l'on avoit bien un peu compté là-dessus.

S'il eût garni d'infanterie les digues de la plaine, notre victoire nous auroit été plus disputée, elle nous auroit peut-être coûté plus cher; mais dans le premier moment eût-il pu en rassembler assez pour profiter de cette ressource? Il la négligea, et nous en profitâmes.

Quant à la batterie *k* de la tête de pont, elle étoit trop éloignée du point d'attaque, et trop inquiétée par nos batteries de la rive gauche, pour que son feu fût bien dangereux. Les redoutes 7 et 9 du cimetière et des trous de loups ont fait tout ce qu'elles pouvoient faire. La première, mal défilée, étoit écrasée par la batterie de gros calibre que nous avions à la culée du grand pont sur la rive gauche; elle n'étoit pas tenable: la seconde a fait une belle défense, et telle qu'on pouvoit l'exiger des meilleures troupes.

On voit par la carte quelle étoit notre position après avoir enlevé ces deux redoutes. L'ennemi restoit maître de la ville et du village de Kehl; il avoit encore à s'y défendre, ainsi que dans la redoute étoilée 4, et à nous disputer le passage de la Kintzig. Nos tirailleurs ont suffi pour le chasser de tous ces postes, et non-seulement il ne nous a pas disputé le passage de cette rivière, mais il n'a pas même pris la précaution d'en couper le pont, de façon que nous nous sommes trouvés maîtres de la grande route, qui au-delà de ce pont se divise en deux, celle de Rastadt, et celle d'Offenbourg.

S'il eût, dit-on, profité de tous ses avantages, si en abandonnant Kehl il eût détruit le pont de la Kintzig, notre perte auroit été certaine; en nous disputant le passage de cette rivière, il eût donné le temps à ses réserves d'arriver, et elles nous eussent infailliblement repoussés jusqu'à nos bateaux, ou plutôt jusqu'au Rhin. Ce raisonnement est assez spécieux: mais si l'on considère que nous avions alors plus de quatre mille hommes sur la rive droite; que le pont volant qui étoit en activité, et les bateaux de transport qui alloient et venoient, passoient plus de cinq cents hommes chaque quart d'heure; que l'ennemi qui ne devoit guères avoir plus de mille hommes cantonnés à Kehl, en avoit déjà perdu la moitié; que le canon des fausses attaques sur toute la ligne devoit rendre très-irrésolus les généraux qui commandoient le camp de Wilstett; que ces généraux, mal informés de nos véritables forces, devoient naturellement se les exagérer; on sera moins surpris des fautes qu'ils commirent, et l'on conviendra que ces fautes devoient entrer pour beaucoup dans le calcul des probabilités que nous avions de réussir. On sentira aussi l'inutilité des efforts qu'eussent pu faire les débris de la garnison de Kehl pour défendre la Kintzig, sans l'arrivée des renforts qu'on eût dû leur envoyer de Wilstett, contre des forces au moins quadruples, et dans des circonstances où les causes morales sont toutes en faveur

de

de celui qui attaque, et contraire à celui qui se défend. C'est une grande faute certainement de n'avoir pas coupé le pont : mais enfin cette rivière étoit guéable en bien des endroits ; on ne pouvoit avoir le temps de le rompre de manière à ce qu'il ne fût pas promptement réparé et praticable au moins pour l'infanterie, et cet accident nous eût faiblement arrêtés.

On avoit bien pensé que l'ennemi tiendroit dans cette position, et l'attaque de Gambsheim n'avoit pour but que de le tourner, et de le forcer à se retirer vers les gorges en le mettant entre deux feux : ainsi, si d'un côté la fortune nous a bien secondés en répandant assez de désordre et de confusion chez l'ennemi pour lui faire oublier de couper ses ponts, l'empêcher de disputer le terrain pied à pied, et lui faire mettre du retard dans l'arrivée de ses réserves ; d'un autre, elle nous a mal servis en faisant échouer l'expédition de Gambsheim par des petits incidens auxquels on n'avoit pas lieu de s'attendre. D'ailleurs si l'ennemi nous y eût forcés par plus d'opiniâtreté,

D

nous aurions déployé de nouveaux moyens, contre il lesquels n'auroit pu être préparé et contre lesquels il n'auroit rien eu à nous opposer.

Il est incontestable que, le pont volant une fois établi, et il l'étoit à six heures du matin, il étoit impossible à l'ennemi de rassembler dans le jour assez de forces pour que nous ne lui fussions pas toujours très-supérieurs en nombre (1). Nous manquions à la vérité

---

(1) Calculons les forces de l'ennemi dans les environs de Kehl, et combinons si d'après le temps présumé nécessaire pour les rassembler et marcher contre nous, il lui étoit possible d'avoir l'avantage du nombre avant l'établissement du pont. Le camp de Wilstett étoit fort de dix-huit cents chevaux et quatre mille hommes à pied environ. De ce camp étoient probablement détachés les cantonnemens des villages voisins de Kork, Neumühl, Sundheim etc.; il y avoit mille hommes à Kehl, qui gardoient depuis Marlen jusqu'à Auenheim. Supposons deux mille hommes répandus dans les villages de Missenheim, d'Altenheim, Goldschir et Marlen; deux mille dans ceux d'Auenheim, Litzenheim, Diersheim et jusques vis-à-vis Gambsheim. A deux heures du matin, nous ne pouvions avoir contre nous que les gardes ordinaires des bords du Rhin, et des redoutes de Kehl. Il devoit bien être quatre heures, avant que le premier moment de la surprise eût permis aux chefs qui commandoient à Kehl

d'artillerie et de troupes à cheval ; mais une
grande supériorité en infanterie, et en infan-

de rassembler tout leur monde, et de faire des dispositions défensives qui le missent tout en action. Voilà
donc mille hommes contre nous, et nous en avions
deux mille cinq-cents débarqués.. A la même heure,
le général qui étoit à Offenbourg eût pu recevoir une
ordonnance pour le prévenir, en supposant encore
qu'on y eût mis beaucoup de célérité ; mais il en reçut
presqu'en même temps de tous les points d'attaque,
ce qui dut augmenter son étonnement et son incerti-
tude. A cinq heures il eût fini d'expédier ses ordres ;
à six heures celui de se mettre en mouvement, eût pu
arriver au camp de Wilstett. En supposant qu'il eût
été exécuté sur le champ, les troupes qui le composoient ne seroient pas arrivées à Kehl avant neuf heures.
Nous pouvions donc alors avoir sur les bras 6000
hommes, dont 1500 de cavalerie ; car il faut bien
soustraire du nombre total des troupes sept à huit
cents hommes d'infanterie pour les pertes que l'ennemi avoit déjà faites, et les postes et les gardes qu'il
n'avoit pas pu relever, et trois cents chevaux que le
camp de Wilstett pouvoit avoir détachés sur la ligne
du Rhin. Ajoutons aux 2500 hommes du premier débarquement, 4500 hommes passés en trois heures sur
le pont-volant, et 3000 au moins fournis par le passage continuel des bateaux de transport, et l'on verra
que nous avions à lui opposer 3500 de plus qu'il ne
lui eût été possible d'en rassembler ; ce qui étoit plus
que suffisant pour compenser le défaut d'artillerie et
de cavalerie, sans même avoir aucun égard à la bravoure et au moral des troupes, sur-tout les redoutes de
la plaine étant emportées.

D 2

terie bien aguerrie, nous eût mis à même
de lui résister, car nous nous renforcions
au moins de quinze cents hommes par heure.
Il n'est donc pas étonnant qu'il n'ait pas
osé agir offensivement; et, quelque bonne
contenance qu'il eût mise dans sa défensive,
il n'eut jamais fait que ralentir notre marche, sans pouvoir jamais nous arrêter, et
bien moins encore nous faire rétrograder.

Mais la nuit arrive; le pont n'est que commencé. L'ennemi ne peut plus prendre le
change sur le vrai point d'attaque; il va
rassembler toutes ses forces, profiter du
moment qui lui reste avant que notre établissement soit entièrement assuré, pour tenter
un dernier effort: nous devons donc nous
attendre à un choc d'autant plus violent
qu'il ne lui reste plus d'autre ressource, et

Pendant toute la journéee l'ennemi, inquiété par les
fausses attaques, n'eût pas osé se dégarnir, ni au-dessus
de Kehl, et augmenter d'un seul homme le nombre
calculé ci-dessus. Notre supériorité relative augmen-
toit donc toutes les heures de 1500 hommes; il étoit
donc peu probable qu'il vînt nous attaquer, avant
d'avoir reçu d'ailleurs des renforts qui lui donnassent
l'avantage du nombre, ce qui ne pouvoit guères avoir
lieu avant l'établissement du pont.

qu'il doit sentir que dans quelques heures, lorsque le pont sera fini, il ne sera plus en mesure de rien entreprendre. J'avoue que la nuit qu'il a fallu passer sur la rive droite, avec un pont-volant pour toute communication, sans artillerie et sans cavalerie, a été l'époque la plus critique du passage du Rhin, et que l'on y a couru les risques d'être vigoureusement attaqué : mais, après tout, en y réfléchissant, on voit que les corps considérables qui eussent été capables de quelques efforts un peu redoutables étoient trop éloignés pour pouvoir arriver avant le 7 à midi, et que par conséquent tout ce que l'ennemi eût pu rassembler pour nous attaquer dans la nuit, même en relevant toutes ses gardes sur une ligne de six lieues, ne se seroit pas monté à plus de douze mille hommes, tandis que par les renforts qui passoient le pont-volant, nous devions être forts de plus de 15000 avant la nuit. Ce n'étoit, dira-t-on, que de l'infanterie ; mais chacun a pu se convaincre, par les événemens ultérieurs de la campagne, de quoi cette infanterie étoit capable. Nous étions donc

D 3

bien à même de soutenir ses attaques ; et je suis d'autant moins étonné de sa cir- conspection, qu'il a bien pu se méprendre sur la réalité de nos forces, et se les exagérer à lui-même : il est possible qu'il y ait eu dans sa conduite plus de prudence que de foiblesse, et que sa prétendue lâcheté n'ait servi qu'à nous priver d'une victoire.

Je crois maintenant qu'il est bien démon- tré que, quand même l'ennemi eût profité de tous ses avantages pour faire échouer notre entreprise, il est très-douteux qu'il en fût venu à bout : tout étoit prévu dans le plan de cette opération, tellement bien combinée qu'il auroit fallu bien du malheur pour ne pas réussir. Ainsi en convenant qu'à certains égards la fortune nous a été favo- rable, il faut avouer aussi que nous avons bien su la maîtriser par la sagesse de nos dispostions (1), et que l'intelligence et l'ha-

____

(1) Il y a dans une armée des emplois qui fournis- sent rarement à ceux qui les exercent l'occasion d'être cités dans le récit d'opérations particulières, parce qu'ils contribuent essentiellement à toutes celles de la campagne d'une manière indirecte ou plutôt inaper- çue ; telle est surtout celle de chef de l'état-major-

bileté des chefs, la valeur et le dévouement du soldat, dans cette circonstance, méritoient bien d'être couronnés du plus heureux succès.

Attaque de Kehl de vive force, par un détachement des garnisons de Mannheim et de Philipsbourg, aux ordres du général Pétrasch, le deux complémentaire, an 4.e (18 Sept. 1796 v. st.)

Après le passage du Rhin, l'armée s'avança rapidement jusqu'aux environs de Munich. Pendant les marches, on avoit travaillé à relever les fortifications de Kehl, et à y construire un camp retranché. Mais ces travaux n'étoient pas encore à beaucoup

général. Personne n'a plus contribué que le général Regnier au succès du passage du Rhin; les ordres pour l'exécution de cette grande entreprise ont été donnés avec tant de précision, et si bien combinés, que toutes les colonnes de troupes qui y étoient destinées sont arrivées à point nommé, et qu'il n'y a pas eu la plus légère confusion, dans une circonstance où il faut mettre à la fois tant d'hommes et tant de choses en mouvement. Les rapports officiels du général en chef ont fait assez connoître les services importans de ce général et ses talens, qui sont au-dessus des éloges que j'en pourrois faire.

près à l'abri d'un coup de main, et les ouvrages 8, 10, 11 et 12 étoient à peine ébauchés, lorsque Kehl fut attaqué vigoureusement le 2.ᵉ complémentaire par un détachement des garnisons de Mannheim et de Philipsbourg aux ordres du général Petrasch. L'armée, en s'avançant, avoit laissé à Bruchsal, sous les ordres du général Scherb, un corps de troupes composé de la 68.ᵉ demi-brigade, et de deux escadrons du 19.ᵉ régiment de dragons, pour observer les garnisons de Mannheim et de Philippsbourg, et l'armée de Sambre et Meuse avoit laissé devant Mayence la division du général Marceau. Quoique ces corps d'observation fussent bien moins considérables que les garnisons de ces trois places, qui formoient ensemble plus de vingt-cinq mille hommes, elles n'osèrent rien entreprendre tout le temps que nos armes furent également victorieuses dans les deux armées. Ce ne fut qu'après le 8 fructidor, époque des premiers revers de l'armée de Sambre et Meuse, que des rassemblemens de paysans armés osèrent attaquer nos convois, et que les garnisons de

Mannheim et de Philipsbourg firent sortir des détachemens considérables et capables de nous inquiéter. Le 18 fructidor le général Scherb, menacé par ces détachemens renforcés de paysans, osa les prévenir avec sa foible division, les battit et les força de rentrer dans leurs places; mais enfin, attaqué de nouveau avec des forces supérieures, il fut obligé de se retirer. Dans cette retraite, il disputa le terrain pied à pied, et arriva heureusement sous Kehl le 30 fructidor.

Le premier complémentaire le corps autrichien, fort de sept mille hommes, se disposa à emporter Kehl de vive force. Nous n'y avions d'infanterie que la 68.e demi-brigade, arrivée la veille de Mannheim, fatiguée de sa retraite, et épuisée par les combats continuels au prix desquels elle l'avoit faite, et un bataillon d'une autre demi-brigade (1) en garnison à Kehl pour les travaux, avec quelques débris de la 104.e. Le camp retranché,

---

(1) Comme ce bataillon n'a pas mérité dans cette journée les mêmes éloges que la 68.e, nous tairons le numéro de sa demi-brigade.

encore informe, avoit un trop grand développement pour qu'il pût être gardé par si
peu de monde. Ainsi la tête de pont étoit
très-mal assurée, et Kehl se trouvoit dans
une situation très-alarmante.

Le 2.ᵉ complémentaire, l'ennemi attaqua
au point du jour sur trois colonnes : celle
de sa gauche avoit passé la haute Kintzig,
avoit fait un détour pour venir surprendre
par la gorge l'ouvrage à corne du Haut-Rhin,
encore encombré de maisons et de jardins,
s'en étoit emparé, et avoit pénétré de là
dans la ville et même dans le fort ; celle
du centre étoit venue par le village de Kehl,
et celle de sa droite avoit filé le long des
bords du Rhin, sur les graviers et les îles
formées par les bras de ce fleuve et ceux de
la Kintzig, pour venir s'emparer de la culée
du pont (1).

---

(1) Cette division autrichienne arriva jusqu'à la
culée encore existante de l'ancien petit pont sur le
bras de Kehl. On avoit remonté ce pont l'avant-veille
cinquante toises plus haut, pour qu'il fût mieux vu
du canon de notre rive, et comme il ne faisoit pas
encore jour, et que d'ailleurs l'eau-de-vie avoit été
prodiguée pour cette attaque, ils prirent cette culée

Quoiqu'on ne puisse pas dire que nos troupes eussent été surprises, puisqu'elles étoient sous les armes avant l'attaque qui a commencé à quatre heures moins un quart, il n'en est pas moins vrai que l'ennemi parvint, sans qu'on s'en aperçût, à faire filer cinq cents hommes, qui se rassemblèrent dans un jardin le long de la branche droite de l'ouvrage à corne du Haut-Rhin (1); ce qui facilita aux Autrichiens le moyen de pénétrer dans tous nos ouvrages anciens et nouveaux, et même dans le fort, tandis que,

pour celle du véritable pont, et s'y arrêtèrent. Cette méprise a pu nous être très-avantageuse, et a pu sauver le pont, dont la rupture eût intercepté tous les secours en hommes et en munitions.

(1) On a dit que des paysans d'outre-Rhin, qui avoient travaillé à nos ouvrages et qui en connoissoient parfaitement les localités, avoient servi de guides aux colonnes ennemies; on a même assuré que des officiers autrichiens y étoient venus travailler, déguisés en paysans, pour en faire la reconnoissance plus facilement et pouvoir en diriger l'attaque; on a aussi assuré que dès onze heures du soir des autrichiens s'étoient déjà introduits furtivement dans un jardin contigu à la branche droite de l'ouvrage à corne du Haut-Rhin: ces assertions, sans-être bien certaines, ne sont pas entièrement dénuées de fondement.

par une disposition assez mal entendue (1), on avoit fait bivouaquer au-delà du pont de la Kintzig, sur la rive droite de cette rivière, le peu de cavalerie que nous avions (consistant en deux escadrons du 19.ᵉ de dragons de la division du général Scherb, quelques carabiniers et quelques cavaliers du 15.ᵉ), avec la 68.ᵉ demi-brigade; de façon que l'ennemi les avoit précédés dans Kehl, et que cette demi-brigade fut obligée de défiler sous un feu très-meurtrier, pour tourner le fort en passant le long du Rhin, et se rallier à l'entrée de Kehl du côté du pont de bateaux.

La cavalerie essaya de rentrer au galop par la grande rue de Kehl; mais, trouvant l'ennemi qui y étoit déjà établi, elle fut ac-

---

(1) J'ignore absolument qui avoit ordonné cette disposition, et pour quelles raisons on avoit laissé ce corps de troupes dans une situation si peu avantageuse pour la défensé de Kehl et pour sa propre sûreté: peut-être quelques considérations, que je ne puis pénétrer, en furent cause; peut-être ne s'attendoit-on pas à être attaqué sitôt, et avoit-on remis au lendemain à faire de meilleures dispositions. Aussi mon intention n'est-elle d'inculper ni d'offenser personne; mais faisant le récit de cette journée, je ne puis dissimuler une faute qui a été le principe et la cause des premiers succès de l'ennemi.

cueillie par un feu terrible qui partoit des maisons, et périt presque totalement, hommes et chevaux, à l'exception de quelques individus qui s'échappèrent (1).

Le général Siscé, qui s'étoit mis à la tête de la 68.ᵉ demi-brigade, fut repoussé trois fois, par la supériorité du nombre et le feu très-meurtrier de quatre pièces de canon à mitraille qui enfiloient la grande rue. Enfin, vers sept heures du matin, après des efforts inouis et des prodiges de valeur, la fortune commença à changer en notre faveur; on reprit le fort dans lequel on fit prisonniers un officier supérieur et près de deux cents hommes du régiment de Ferdinand : ce succès inspira quelque confiance au bataillon qui avoit plié; le général Schawenbourg (2) par-

(1) De ce nombre fut le citoyen Ferry, officier au 15.ᵉ régiment de cavalerie. Ayant été fait prisonnier, enfermé dans une cave et gardé par sept Autrichiens, il s'aperçut par le soupirail que l'ennemi étoit repoussé et que nous reprenions l'avantage; alors il prit vis-à-vis de ses gardes un ton qui leur en imposa, se fit d'abord rendre son sabre, et finit par les faire ses propres prisonniers. De soixante et seize maîtres dont étoit composé son détachement, il est revenu lui deuxième.

(2) Ce général, des talens duquel nous ne parlons

vint à le rallier et à le ramener à la charge, et l'on se trouva plus en mesure de supporter l'attaque vraiment impétueuse de l'ennemi.

On avoit battu la générale à Strasbourg. Cette ville se trouvoit sans garnison : mais on avoit rassemblé les ouvriers des différens ateliers des administrations militaires, on en avoit formé un bataillon qu'on avoit armé à la hâte ; on avoit aussi rassemblé les grenadiers, les chasseurs et les canonniers de la garde nationale sédentaire (1), et ces secours arrivèrent au moment où l'on commençoit à reprendre le dessus sur l'ennemi ; ils achevèrent de décider la victoire. A dix heures, les

---

pas, parce qu'ils sont assez connus, a donné dans cette occasion des preuves du plus grand zèle : mais on a exagéré, en disant que le *le génie de la France l'avoit trouvé pour sauver la ville de Strasbourg*, car la sûreté de de cette place n'étoit pas compromise. Je relève ici, non des propos qui ne méritent pas de réfutation, mais l'intention perfide avec laquelle on a les répandus : la malveillance, forcée d'accorder des louanges à l'un, semble se consoler par les atteintes qu'elle porte à d'autres.

(1) On a distingué la bonne conduite des chasseurs et des canonniers de la ville ; on a regretté le citoyen Hess, un de ceux-ci, qui fut tué dans l'action. Toute la garde nationale Strasbourgeoise a donné dans cette circonstance critique des preuves de zèle et de bonne volonté.

Autrichiens étoient totalement chassés de Kehl; mais ils tenoient encore dans les dernières maisons du village et dans la redoute étoilée 4, dont ils s'étoient emparés. A onze heures, ils étoient absolument retirés dans la position de la veille, et ils ne tiroient plus que quelques coups de canon, de la pointe du bois d'Auenheim.

Ainsi, grâces au calme intrépide du général Siscé, et à l'opiniâtre fermeté de la 68.º demi-brigade; grâces au zèle et aux talens du général Schawenbourg, qui se porta sur le champ au lieu du danger; grâces aux mesures prises par le général Moulin, pour faire organiser et envoyer promptement des secours, le fort et le pont de Kehl, qui avoient été à deux doigts de leur perte, furent conservés (1). Ce fut à la vérité au

______

(1) Le pont de pilotis n'étoit pas entièrement rétabli. Un de nos bataillons qui fut repoussé, voulut se retirer par ce pont : il arriva à la coupure, et là, ne pouvant plus passer, il fut obligé de retourner. On a prétendu que l'ennemi, voyant cette partie du pont chargée de troupes, crut voir arriver des renforts, et que cela détermina sa retraite; je crois plutôt que, si cet incident a contribué à nous conserver Kehl, ce fut en forçant ce bataillon de retourner au combat.

prix d'un combat de sept heures, des plus sanglans et des plus terribles, contre des forces très-supérieures (1), qu'on parvint à repousser l'ennemi, qui en étoit déjà maître.

Les Autrichiens, après s'être emparés du fort et de tous ses ouvrages, en furent chassés après avoir perdu quinze cents hommes, tués ou blessés, et nous avoir abandonné trois cents prisonniers, un obusier et quelques caissons. Notre perte en hommes, quoique très-considérable, relativement au petit nombre des combattans, a été bien moindre que la leur (2).

---

(1) On se battit corps à corps pendant trois heures dans les rues de Kehl: on en vint jusqu'à se prendre aux cheveux. Le nombre des blessés, tant Français qu'Autrichiens, fut proportionnellement si considérable que l'on voyoit sur le pont de bateaux une trace de sang continuelle. On se tiroit à bout portant ; aussi les blessures étoient-elles très-dangereuses. Le citoyen Rode, officier d'artillerie, reçut à la fois un coup de baïonnette, et un coup de feu du même fusil, dans la cuisse. Des pièces d'or qu'il avoit dans sa poche furent retrouvées long-temps après, dans sa plaie, échancrées par la balle.

(2) Les citoyens Boutron et Forti, chefs de brigade de la 68.ᵉ furent faits prisonniers.

Tel

Tel fut le résultat de cette journée mémorable, dont les conséquences étoient de la plus grande importance, car la perte de Kehl à cette époque ne pouvoit avoir que des suites très-funestes. Le corps du général Pétrasch se seroit porté aussitôt sur les derrières de l'armée du Rhin ; il auroit intercepté les gorges par où elle devoit se retirer : s'il ne fût venu à bout d'empêcher la retraite du général Moreau, il l'auroit au moins bien inquiétée ; et si Kehl eût été pris alors, sa belle défense dans les mois de frimaire et de nivôse n'auroit pas consumé l'armée de l'archiduc Charles, et, en l'empêchant de porter des secours en Italie, contribué aux succès de Buonaparte et à la prise de Mantoue.

Siége de Kehl par l'armée de l'archiduc Charles.

Après la victoire du onze vendémiaire près de Biberach, et la glorieuse retraite de l'armée, depuis les fauxbourgs de Munich jusqu'aux bords du Rhin, on pouvoit encore espérer de se maintenir dans le Brisgau, et d'y conserver une position qui auroit eu une aile appuyée au Rhin et l'autre aux montagnes noires; mais, l'inaction absolue de l'armée de Sambre et Meuse ayant attiré sur les bras du général Moreau toutes les forces de l'archiduc Charles, il fut obligé d'abandonner la rive droite. Le corps aux ordres du général Désaix repassa le Rhin au Vieux-Brisack le vingt-neuf vendémiaire, et le reste de l'armée, le 5 brumaire suivant, à Huningue.

Il étoit aisé de prévoir dès-lors, que l'archiduc ne termineroit pas la campagne sans avoir fait les derniers efforts, pour s'emparer des deux têtes de pont de Kehl et d'Huningue. Celle de Kehl étoit la plus importante : aussi ce fut sur elle qu'il dirigea ses premiers efforts. Il laissa devant le fort d'Huningue un corps de troupes de sept à huit mille hommes, et vint avec tout le reste de son armée devant Kehl (1).

(1) L'armée autrichienne devant Kehl, étoit forte de soixante-six bataillons d'infanterie, non compris les canonniers, les sapeurs et les pionniers. Sa nombreuse cavalerie étoit cantonnée dans les villages des environs.

Depuis le cinq brumaire l'ennemi avoit commencé des lignes de contrevallation, formées de redoutes placées de distance en distance, et jointes par des tranchées. Ces lignes joignoient les villages d'Auenheim, de Neumühl et de Sundheim, s'appuyoient au Rhin par les deux ailes, et formoient à peu près une demi-circonférence, dont Kehl étoit le centre. Dès que l'armée françoise eut évacué la rive droite, et que l'armée autrichienne fut réunie devant Kehl, ces lignes, dont nous n'inquiétames jamais les travaux, furent promptement terminées (1).

Le général Latour, qui logeoit à Kork, commandoit le siége sous les ordres du prince Charles, dont le quartier général étoit à Offenbourg ; Klinglin, de Strasbourg, émigré, qui connoissoit les localités, y servoit en qualité de général ; il y avoit aussi des ingénieurs françois émigrés, qui dirigeoient les travaux.

(1) Le camp retranché, les ouvrages avancés, et le fort même de Kehl, n'étoient pas finis alors, ils n'étoient qu'ébauchés ; les trois-quarts n'en étoient pas encore palissadés : ainsi il eût été très-imprudent d'aller agacer l'ennemi, et de s'exposer, en cas d'une retraite un peu précipitée, à n'avoir rien pour l'arrêter ; d'autant que nous n'avions pas un moment à perdre pour pousser nos propres travaux, qui eussent été nécessairement interrompus par une attaque.

E 2

Néanmoins les postes ennemis s'étant trop avancés vers la redoute 4, le général Vandamme, pour les éloigner, fit, le quatorze brumaire, une petite sortie qui lui réussit, et dans laquelle il fit quatre-vingts prisonniers.

On s'étoit hâté de mettre le fort et ses ouvrages à l'abri d'un coup de main ; mais on ne croyoit pas qu'il fût digne des honneurs d'un siége, et l'on avoit peine à se persuader que l'ennemi conçût le projet de l'attaquer avec méthode, dans une saison si avancée. On regardoit ses travaux comme purement défensifs, et destinés seulement à s'opposer à la sortie de l'armée sur ce point ; mais, vers les derniers jours de brumaire, il ne fut plus possible de s'y méprendre, et l'on vit clairement que le siége étoit résolu.

Alors on se décida à faire une tentative pour faire lever le blocus, ou au moins en imposer à l'ennemi par une action vigoureuse. Le deux frimaire, au point du jour, on marcha à ses lignes ; on réussit à les percer ; nos troupes pénétrèrent même dans le village de Sundheim : mais celles qui avoient emporté les premiers retranchemens n'ayant pu recevoir assez tôt le secours de celles qui étoient destinées à les soutenir, furent enfin forcées de les abandonner par les réserves considérables que l'ennemi nous opposa, et elles se retirèrent dans notre camp retranché. Ainsi cette affaire, où nos troupes attaquèrent avec leur audace ordinaire, où les 10.ᵉ, 84.ᵉ et 106.ᵉ demi-brigades se distinguèrent particulièrement, et qui fut très-sanglante, n'eut pas tout le succès qu'on s'en étoit promis: l'ennemi y perdit beaucoup de monde, et nous eumes aussi beaucoup de blessés. Nous fimes aux autrichiens sept cents prisonniers; nous leur primes sept pièces de canon et deux obusiers, et nous en enclouames quinze, qu'on ne put ramener faute de chevaux.

L'ennemi eut de vives inquiétudes sur son grand parc, dont nous nous approchames assez: aussi tous les généraux, et l'archiduc lui-même, se portèrent à la trouée que nous avions faite. Ils firent les plus grands efforts pour nous repousser, et, favorisés par un temps humide qui rendoit le terrain glissant, et par un brouillard épais qui nous empêchoit de nous reconnoître, ils vinrent à bout de reprendre leurs lignes : alors nous nous retirames en bon ordre dans nos ouvrages. Le général Moreau reçut une balle morte à la tête; et le général Désaix eut un cheval tué sous lui, et une forte contusion à la jambe. Le général autrichien Latour eut aussi un cheval tué sous lui. Nous avions employé à cette attaque à peu près seize mille hommes d'infanterie et quatre mille hommes de cavalerie: mais cette dernière arme ne fut pas à même d'agir.

Le sort de cette journée décida celui de Kehl, en démontrant que l'ennemi étoit trop bien retranché, et nous resserroit trop par ses ouvrages, pour nous permettre de pouvoir déployer un corps de troupes assez considérable pour l'y forcer: il falloit donc que ce fort succombât à la fin sous une attaque régulière, à moins que quelqu'événement heureux et imprévu ne le sauvât (1).

____

(1) Les places ordinaires peuvent conserver jusqu'au

C'est à cette époque, où le système d'attaque de l'ennemi fut bien connu, qu'on doit placer le commencement du siége de Kehl, dont l'investissement duroit depuis le premier complémentaire an 4.* Pour rendre plus intelligible le récit des opérations de ce siége, je vais indiquer ici, plus amplement qu'on n'a pu le faire sur le plan, les différentes parties de nos ouvrages. Cette espèce de légende détaillée en rendra l'intelligence beaucoup plus facile.

1. *Fort de Kehl*, proprement dit. C'est un quarré bâti sur les dessins du maréchal de Vauban ; les anciens revêtemens en maçonnerie existoient à l'exception du bas-

---

dernier moment l'espérance de voir une armée arriver à leur secours; mais il n'en étoit pas de même ici, Rien qu'un miracle inattendu ne pouvoit donc empêcher l'ennemi de prendre Kehl, un peu plus tôt un peu plus tard; et cette certitude de succomber à la fin, et de n'obtenir au plus que le mérite d'une belle défense, ne laisse pas que d'influer en mal sur le moral des troupes et même sur celui des chefs des assiégés, tandis que l'espoir d'un succès assuré encourage les assiégeans : c'est ce qui rend encore plus étonnantes notre constance opiniâtre, et la timide circonspection de l'ennemi.

tion qui regarde le Rhin, dont l'angle flanqué étoit ouvert. Au 6 messidor, il n'avoit ni fossés ni parapets. Nous avions depuis rétabli les parapets sur les trois fronts qui regardent la campagne, et creusé au pied du revêtement un fossé de vingt pieds de largeur.

2. *Ouvrage à corne du Bas-Rhin.* Son relief avoit été rétabli en fascinage sur les anciens fondemens. On n'avoit pas eu le temps de le perfectionner et d'en épaissir les parapets, qui n'étoient pas à l'épreuve du canon. Cette pièce avoit un ancien chemin couvert dont le relief existoit et qu'on avoit palissadé.

3. *Lunette de la Kintzig.* Nous l'avions rétablie sur l'ancien tracé; elle fut palissadée, ainsi que ses chemins couverts, vers la fin de brumaire. On passoit d'abord la Kintzig à la gorge de cette lunette sur un pont de pilotis: mais, une inondation l'ayant emporté, on y en établit un de bateaux. Comme l'ennemi avoit une batterie qui découvroit ce pont, et que les obus y pleuvoient, tous les bateaux furent coulés à fond dès les

premiers jours du siége; on y en substitua un de pontons de cuivre, qui ne put également pas se maintenir: enfin on réussit à y entretenir une communication au moyen d'une espèce de bac composé de trois pontons accouplés.

4. *Redoute étoilée.* Construite par les ennemis avant le passage du Rhin, prise à cette époque, le débordement de la Kintzig en brumaire nous força de l'évacuer; ensuite les ennemis s'en emparèrent, et la démolirent.

5. *Ouvrage à corne du Haut-Rhin.* Une partie des fondemens de cet ouvrage existoit; on releva le reste en fascinage. On fit une traverse derrière la barrière d'entrée; on creusa un petit fossé au pied du revêtement; on commença de le fraiser; on ébaucha un chemin couvert; on y planta des palissades: mais on n'eut pas le temps de perfectionner ni le corps de l'ouvrage ni ses accessoires, et tout resta imparfait.

6. *Demi-lune.* Elle fut commencée le 10.ᵉ Brumaire, mais n'a jamais été achevée.

7. *Redoute du cimetière.* Cette redoute avoit

été construite par les ennemis : elle leur fut prise au passage du Rhin ; on démolit une de ses faces, et on lui fit une communication avec le chemin couvert de l'ouvrage à corne du Haut-Rhin.

8. *Partie gauche du camp retranché*, couverte par une flaque marécageuse, et liée par un boyau de communication à la redoute des trous de loups.

9. *Redoute des trous de loups.* Cette redoute avoit été construite par les ennemis ; elle fut ouverte à sa gorge, et fit partie du camp retranché.

10. *Partie droite du camp retranché.* Elle fut construite le long d'une ancienne digue, du relief de laquelle on profita en quelques endroits.

11. *Tête de pont d'Ehrlenrhin.* C'est une redoute fraisée et palissadée, qui couvroit le pont de bateaux construit sur ce bras du Rhin dès le jour du passage, et par où on alloit au pont volant.

12. *Redoute du bonnet de prêtre.* Elle étoit si peu perfectionnée qu'on n'osa pas y placer du canon ; il n'y avoit qu'une garde

de vingt hommes lorsque l'ennemi s'y logea le 16 frimaire au soir.

13. *Ouvrage à corne d'Ehrlenrhin.* Il ne fut commencé que le 20 brumaire; à peine eut-on le temps d'en ébaucher les fossés et les parapets, qui ne furent jamais assez perfectionnés pour être susceptibles d'une bonne défense.

14. *Réduit* pour couvrir l'abordage du pont volant, qui fut commencé pendant le siége, et qui ne put jamais être entièrement palissadé.

15. *Isle des escargots*, et retranchemens dans cette île.

16. *Isle de l'estacade,* avec un boyau pour couvrir les troupes qui la gardoient. Cette île et celle des escargots restèrent en notre pouvoir jusqu'au dernier jour, et même après l'évacuation de celle d'Ehrlenrhin.

17. *Isle touffue ou des bois*, dont l'ennemi s'empara le 16 frimaire au soir.

18. *Estacade,* destinée à arrêter les radeaux, brûlots et corps flottans que l'ennemi avoit fait construire à Offenbourg pour détruire nos ponts.

19. *Retranchemens des îles de la Kintzig,* commencés le 10 frimaire.

20. *Batteries de la rive gauche,* construites ou armées pour la défense de Kehl, et qui n'existoient pas au passage du Rhin. Toutes les autres batteries de la rive gauche marquées sur la carte existoient antérieurement au six messidor.

21. *Ferme des anabaptistes,* dans l'île du Rhin, où demeuroient les généraux Désaix et S. Cyr, commandant alternativement à Kehl.

22. *Camp* de deux demi-brigades de réserve dans l'île du Rhin.

23. *Ancien pont de pilotis.* On avoit rétabli ce pont dans la partie où les anciennes palées subsistoient; on avoit suppléé aux pilots, dans trois lacunes où ils étoient brûlés, par de grands bateaux de commerce, portant des chevalets à vis. Dès le 8 frimaire, où l'ennemi commença à faire jouer ses batteries, presque tous ces bateaux furent endommagés. Le pont fut entièrement rompu, réparé quelques jours après, et encore une fois rompu. Il étoit tellement

dans la direction du feu de l'ennemi, qu'on n'a jamais pu le maintenir trois jours de suite, ni en faire aucun usage; il étoit même dangereux pour le pont de bateaux qui lui étoit inférieur, qu'il menaçoit d'entraîner par ses débris.

24. *Masures* de l'église de Kehl et de la maison de poste. Le village de Kehl avoit été entièrement rasé par nous depuis le 5 brumaire; il n'y restoit que quelques pans de murs de ces deux édifices.

25. *Batterie ennemie* de quatre pièces de gros calibre, établie derrière une branche de notre camp retranché. Elle a commencé à tirer à ricochet sur le pont de bateaux, le 19 nivôse après midi; et le lendemain, à neuf heures du matin, le pont étoit rompu de manière à ne pouvoir plus être réparé.

26. *Batterie ennemie* à redans, de douze bouches à feu dirigées aussi contre le pont. Elle étoit armée le 20 au matin, et devoit commencer à tirer le même soir, si on ne fût convenu de l'évacuation.

27. *Redoutes de l'ennemi*, jointes par

des tranchées, et formant sa ligne de contrevallation commencée le 5 brumaire.

28. *Camps ennemis.*

29. *Digue* existant avant le 6 messidor, démolie par les Français lors de la construction du camp retranché.

Dès les premiers jours du siége le froid devint considérable; les troupes étoient mal vêtues, le bois manquoit, et Kehl ne présentoit plus aucun abri. Ces circonstances rendirent le service si pénible que les mêmes troupes n'auroient pu y résister long-temps. Ces considérations engagèrent le général à décider que celles qui feroient le service à Kehl, et dans les ouvrages et les îles de la rive droite, seroient relevées tous les jours par tiers, c'est-à-dire, que l'on employa à leur défense un nombre d'hommes triple de celui qui étoit nécessaire au service journalier, et que sur six jours chaque demi-brigade employée à ce siége passoit quarante-huit heures à Kehl, et quatre jours à se reposer dans les cantonnemens voisins. Les canonniers, n'étant pas assez nombreux pour que leur service fût réglé de cette manière, n'avoient de repos qu'un temps égal à celui de leur service dans les batteries, qui étoit aussi de quarante-huit heures.

La force des troupes de service journalier étoit, au commencement du siége, lorsque nous occupions encore tous nos ouvrages, de six à sept mille hommes, non compris deux demi-brigades campées en réserve dans l'île du Rhin. Nous avons eu jusqu'à cent huit bouches à feu en batterie sur la rive droite, et une cinquantaine sur la rive gauche. Notre consommation ordinaire de poudre étoit de six à huit milliers dans vingt-quatre heures.

Les généraux Désaix et S. Cyr partageoient le commandement en chef de Kehl, et se relevoient tous les cinq jours. Ils avoient sous leurs ordres un certain nombre de généraux de division et de brigade, qui étoient relevés tous les deux jours. Les généraux de division étoient Duhem, Ambert et S. Suzanne; et les généraux de brigade, Le Courbe, Decaen, La Boissière, Tarraux, Montrichard; le chef de brigade Lobréau y commandoit l'artillerie, et le général de brigade Boisgérard, le génie.

Ayant fait connoître les dispositions gé-nérales de la défense de Kehl, et la situation de nos ouvrages au commencement du siége, je vais en parcourir les opérations les plus remarquables dans un ordre chronologique: ce récit, quoiqu'abrégé, suffira pour mettre le lecteur à même de suivre les progrès de l'assiégeant, et d'apprécier la résistance de l'assiégé.

Depuis le 2 complémentaire, les travaux de Kehl ávoient été ralentis, parce qu'on ne pouvoit plus se procurer de travailleurs de la rive droite: mais le 10 brumaire on commença à y faire travailler les troupes; on commença aussi à placer de la grosse artillerie dans les ouvrages, et à les pa-lissader.

La sécheresse ayant prodigieusement fait baisser les eaux du Rhin (1), et tous les petits bras étant à sec ou au moins guéables,

____

(1) La saison ayant eu beaucoup d'influence sur les opérations de ce siége, et leur résultat, nous rap-pellerons ici au lecteur le temps qu'il a fait à ses différentes époques. Le 2 frimaire, l'air étoit humide, et le terrain glissant; vers huit heures du matin, il s'éleva un brouillard très-épais, qui se réduisit en

l'île

l'île d'Ehrlenrhin se trouvoit accessible de tous côtés, comme sa conservation

---

une pluie violente, et ces circonstances furent très-favorables à l'ennemi. Lorsqu'il eut commencé le feu de ses batteries, le temps se refroidit, et l'on eut une forte gelée, qui augmenta progressivement pendant quinze jours; le froid devint très-âpre, et toutes les nuits et les matinées l'air étoit chargé d'un brouillard très-épais, qui favorisoit l'assiégeant en nous cachant ses mouvemens et ses travaux. Cette forte gelée nous donna beaucoup d'inquiétude sur nos communications; le bras Mabile, gelé et presqu'à sec, ne permettoit plus de faire venir des bateaux de Strasbourg, et l'on craignoit que les glaces charriées par le Rhin ne rompissent le pont de bateaux, et que les radeaux construits à Offenbourg, qu'on savoit devoir être lancés pour le détruire, n'échappassent, à l'aide de la brume, à la surveillance des pontonniers. Le fleuve charria pendant vingt-quatre heures; mais heureusement le lendemain le temps se radoucit, et vers le commencement de nivôse on eut un dégel complet. On s'en promettoit de grands avantages, espérant que l'ennemi seroit inondé dans ses tranchées, et que l'inondation de la Kintzig le forceroit d'abandonner une partie de ses batteries. Cette rivière grossit, à la vérité; mais, les eaux du Rhin étant très-bases, elle s'écoula promptement, et l'on ne retira pas de son inondation tous les avantages qu'on s'en étoit promis; elle ne servit qu'à retarder l'arrivée des munitions dans les batteries de l'assiégeant, et à rendre ses communications dans ses tranchées un peu plus difficiles. D'un autre côté ce dégel nous fut pernicieux, en ce qu'il fit écrouler une partie des parapets de nos

F

étoit d'une très-grande importance, puisqu'en la perdant on eût perdu en même temps la tête de pont 11, qui voyoit à revers tout le camp retranché, et par suite le camp retranché même, on y construisit pour s'y maintenir un ouvrage à corne, 13, que l'on commença le 20 brumaire, et qui n'a jamais été perfectionné. On commença aussi des retranchemens, 15, dans l'île des escargots.

L'ennemi travailloit alors à ses lignes de contre-vallation, et ce ne fut que vers le premier frimaire que l'on s'aperçut qu'il commençoit des batteries et des ouvrages d'attaque. Le lendemain, l'affaire qui eut lieu suspendit les travaux de part et d'autre. Le 4, nos travaux étant assez avancés pour nous croire à l'abri d'un coup de main, nous commençâmes à faire jouer notre ar-

---

ouvrages, qui avoient été achevés par la gelée. Le froid revint quelques jours après, mais il fut moins vif, et cette seconde gelée, qui dura jusqu'à la fin du siége, n'étant pas aussi forte que la première, n'influa guères sur les travaux ni en bien ni en mal. Mais le brouillard, qui dura constamment et par toutes les températures, favorisa beaucoup les travailleurs ennemis, qui l'étoient déjà par la longueur des nuits, et il rendit aussi très-incertain l'effet de notre artillerie.

tillerie sur ceux de l'ennemi; nous fimes jour et nuit un feu assez vif, sans qu'il nous répondît. Ce ne fut que le huit, à sept heures du matin, qu'il démasqua toutes ses batteries à la fois : il fit toute cette journée un feu terrible; il endommagea quelques bateaux du pont militaire, et dans la journée il en coula à fond un du grand pont, de façon que cette communication fut interrompue dès ce jour.

Le même soir il parvint à se loger, après en avoir été repoussé plusieurs fois, à l'entrée du village de Kehl, où étoient nos avant-postes.

Le feu dura avec beaucoup de vivacité de part et d'autre (1), mais sans événement remarquable, jusqu'au 16 frimaire. Dans cet intervalle nous avions souvent fait de nuit de petites sorties sur la droite des attaques de l'ennemi, de l'autre côté de la Kintzig, mais sans autre succès que de le déloger de

____

(1) Ordinairement notre feu étoit beaucoup plus vif la nuit que le jour, au contraire de celui de l'ennemi, qui se contentoit la nuit de nous envoyer par intervalle des bombes et des obus. Il mit le feu, dès les premiers jours, à quelques maisons de la grande rue de Kehl, mais que nous aurions démolies si nous en avions eu le temps.

F 2

ses premiers ouvrages ; ses réserves nous forçoient toujours à la retraite, avant que nous eussions eu le temps de prendre ses pièces, ni de détruire ses travaux (1). Il l'avoit employé, de son côté, à construire et à armer des batteries qui cernoient l'île d'Ehrlenrhin, et dont quelques embrasures étoient dirigées sur le pont volant et sur le pont *g*, qui communiquoit à l'ouvrage 11. Le 16 frimaire au matin, il fit jouer à la fois toutes ces nouvelles batteries ; il amena même derrière une digue en face de l'île touffue 17, beaucoup d'artillerie de campagne, et il fit pendant toute la journée un feu très-violent. Vers les quatre heures de l'après-midi il attaqua l'île touffue, qui n'étoit défendue que par trois cents hommes, que nous ne pouvions secourir que par le moyen d'un bateau qui servoit de communication à

---

(1) La tactique des Autrichiens dans toutes ces sorties étoit de nous abandonner toujours leurs premiers ouvrages sans aucune résistance, d'aller se rallier derrière les secondes lignes, et de revenir ensuite nous repousser à l'aide des renforts qu'ils y trouvoient. Nos compagnies de grenadiers ont beaucoup souffert dans quelques-unes de ces sorties.

cette île, tandis que lui y arrivoit par un gué presqu'à sec : il réussit à s'en emparer, nous y fit quelques prisonniers, et s'y établit. Il avoit attaqué simultanément l'ouvrage 12, dit le bonnet de prêtre, où nous n'avions qu'un poste de vingt hommes; il parvint aussi à nous en chasser, et à s'établir dans le fossé, qu'il lia ensuite à ses autres ouvrages.

A compter de ce jour le feu de ses attaques à la rive droite de la Kintzig, qui avoit d'abord été le plus vif, se ralentit considérablement; il porta tous ses moyens autour de l'île d'Ehrlenrhin et de la redoute des trous de loups ; et dès-lors il fut aisé de juger que son dessein étoit de s'emparer d'abord de cette île et de la droite du camp retranché, afin de se rendre maître de la rive du Rhin, et d'être en mesure de battre efficacement le pont de bateaux : il a depuis marché constamment vers le même but.

Dans la nuit du 19 au 20, il attaqua nos avant-postes, qui étoient retranchés dans les masures 24 de la maison de poste et de l'église du vieux Kehl : il mit beaucoup d'opiniâtreté et d'importance à cette attaque , et nous en mîmes beaucoup de notre côté pour conserver ce poste. Il fut repoussé trois fois, et finit par s'y maintenir; mais il en fut encore chassé le lendemain matin : il perdit à cette attaque, à laquelle l'archiduc était en personne, trois cents hommes et un officier de marque.

Il revint à la charge le 20 et le 21 , mais également sans succès.

Le bras d'Ehrlenrhin étant à sec, il essaya de s'emparer de cette île; il l'attaqua dans la nuit du 20 au 21 , et dans celle du 21 au 22 : mais il fut repoussé vigoureusement, et avec beaucoup de perte, par la 76.e demi-brigade.

Ce fut à cette époque, et sans doute pour seconder ces attaques, que l'ennemi lança au point du jour deux brûlots destinés à incendier notre pont de bateaux (1); mais

(1) Ces brûlots étoient des nacelles remplies de poudre, et de bombes chargées; ils avoient un mât, dont le choc contre le plancher du pont devoit faire partir deux platines de fusil disposées pour mettre le feu à la poudre. Ils furent arrêtés, et conduits à terre une demi-lieue au-dessus du pont. S'ils eussent fait leur effet, leur explosion eût été très-considé-

l'estacade, et l'exacte surveillance des pontonniers, déjouèrent cette tentative et toutes
les autres de ce genre que depuis il mit en
œuvre pour détruire ou rompre nos ponts.

Quoique nos ouvrages n'eussent pas à
beaucoup près toute la perfection nécessaire,
l'ennemi, ne réussissant pas à s'en emparer
de vive force, devint plus circonspect; il
marcha à la sappe sur les masures du vieux
Kehl, la redoute des trous de loups et l'île
d'Ehrlenrhin: il fit à ces mauvais postes, qui
n'étoient presque pas tenables, l'honneur
de les cerner d'une multitude de batteries,

---

rable, et ils eussent pu nous causer beaucoup de mal.
Ces machines rappellent celles qui furent construites
à Anvers par un Italien nommé *Fréderic Jambelli*, pendant le siége que les Hollandois soutinrent dans cette
place contre les Espagnols commandés par le *prince
Alexandre de Parme*, et au moyen desquelles il causa un
fracas épouvantable, et réussit à rompre le pont que
ce général avoit sur l'Escaut. On nous envoya depuis,
et à différentes reprises, des radeaux ou flottes de bois
de différentes formes, en losange, en triangle, en
étoiles, chargées d'artifices, de pétards, de boîtes de
réjouissance et de toutes sortes d'incendiaires; mais
quoique ces machines fussent énormes et construites
avec des bois du plus gros échantillon, aucune ne
put arriver jusqu'au pont de bateau, et l'ennemi en
fut pour ses frais.

F 4

et de déployer sur chacun l'appareil d'un siége.

Le 28 frimaire, au point du jour, il fit jouer toutes ces nouvelles batteries, nous força d'évacuer les masures de l'église et de la maison de poste ; il s'y logea, et lia ses tranchées en avant du camp retranché avec celles du village de Kehl.

La redoute des trous de loups n'étoit plus tenable ; elle étoit écrasée par le feu du canon, dont les boulets traversoient les parapets : on en retira la grosse artillerie, qui pouvoit y être compromise, et on y substitua des pièces de 4, suffisantes pour atteindre les travailleurs ennemis, qui n'en étoient pas à la portée du pistolet.

Dans la première décade de nivôse, répondant à la fin de décembre (vieux style), toutes les batteries de l'ennemi dans l'île touffue, celles contre la redoute des trous de loups, et celles de la maison de poste, étoient finies et armées. On parloit depuis plusieurs jours d'une attaque générale qu'il nous préparoit pour le premier de l'an ou le 12 nivôse ; les rapports des déserteurs annonçoient une affaire pour cette journée; on disoit que depuis plusieurs jours l'archiduc y disposoit ses troupes par des harangues et des largesses: en effet, vers les quatre heures après-midi, douze bataillons attaquèrent la redoute des trous de loups et la partie droite du camp retranché 10, parvinrent à nous chasser de ces ouvrages, dans les fossés desquels ils se logèrent sur le champ, et ils nous y prirent cinq pièces de 4 et un pierrier. Si nos réserves eussent pu passer le Rhin à temps, nous eussions sans doute repris ces ouvrages; mais malheureusement, deux bateaux du pont ayant été coulés bas au moment de l'attaque par des coups de canon, le passage fut intercepté jusqu'à ce qu'on eut réparé le pont, et lorsque les renforts purent arriver, l'ennemi étoit trop bien établi dans les ouvrages qu'il nous avoit pris pour qu'on pût espérer de l'en déloger. On avoit préparé des fougasses devant les ouvrages à corne du haut et du bas Rhin, la lunette de la Kintzig, et la redoute des trous de loups; mais le mineur se retira sans avoir fait sauter celles de cette redoute ; dont l'explosion eût pu en imposer à l'ennemi et nous en faciliter la reprise.

Dans la même soirée l'ennemi attaqua l'île d'Ehrlenrhin ; il s'empara de nos boyaux en avant de l'ouvrage à corne, que le feu de son artillerie nous avoit forcés d'abandonner ; il repoussa nos troupes jusqu'au réduit 14 de la tête du pont volant, et parvint même à monter dans le bastion de droite de l'ouvrage à corne. Cette île étoit au moment d'être perdue pour nous sans retour : mais le général Le Courbe renvoya le pont volant à la rive gauche, pour ôter tout espoir de retraite ; il prit un drapeau, rallia un bataillon, et marcha à l'ennemi, qu'il repoussa jusques dans sa tranchée ; et c'est à la présence d'esprit qu'il conserva dans ce danger, que nous dumes la conservation de cette île, dont la perte à cette époque eût accéléré de quelques jours celle de Kehl. Nous restames maîtres de l'ouvrage à corne ; mais on ne put garder les boyaux et les petits redans que nous avions à la tête de l'île, parce qu'ils étoient pris de revers par les batteries ennemies.

Ainsi l'ennemi eut un pied dans cette île, l'objet de son ambition, contre laquelle il avoit réuni plus de trente bouches à feu, quoique la gelée et la sécheresse l'eussent rendue accessible de toutes parts, et qu'elle ne dût plus être considérée comme une île; mais néanmoins l'ouvrage à corne, tout imparfait qu'il étoit, le contint encore pendant plusieurs jours; et quoique les troupes chargées de sa défense n'eussent plus d'autre passage que celui du pont volant, et que la communication avec le fort leur fût coupée par la perte d'une partie du camp retranché, l'ennemi toujours prudent s'avança à la sappe contre un ouvrage qui n'avoit jamais pu être achevé, et dont le dégel, joint à l'effet de son artillerie, avoit presque effacé le relief.

A cette époque les têtes de ses sappes et de ses travaux n'étoient éloignées que de quelques toises des ouvrages que nous conservions, et il redoubloit le feu de son artillerie, qu'il dirigeoit surtout sur nos communications, qui partout, et même dans l'île du Rhin, étoient très-dangereuses (1).

___

(1) Plusieurs obus sont venus tomber jusque sur les

Le 15 il emporta encore une branche du camp retranché, et il employa les journées suivantes jusqu'au 16 à se loger dans la partie de ce camp retranché dont il s'étoit rendu maître, à la lier avec ses ouvrages du vieux Kehl, et à construire de nouvelles batteries, et entr'autres la batterie 25.

On apprit que l'ennemi préparoit une nouvelle attaque pour le *jour des rois*, répondant au 17 nivôse. Il n'étoit pas prudent de s'exposer à la soutenir dans Ehrlenrhin, dont l'ouvrage à corne étoit si délabré, et qui ne pouvoit plus être secouru que par le pont volant. S'opiniâtrer à s'y défendre, eût été évidemment compromettre le salut des troupes qui s'y trouvoient, et exposer à une perte presque certaine quatorze bouches à feu qui armoient cet ouvrage. Le général S. Cyr ordonna que cette île, ainsi que la tête de pont 11, seroit évacuée dans la nuit du 16 au

---

glacis de la citadelle, bien au-delà du bras Mabile, et la grande route qui conduit au pont du Rhin étoit très-inquiétée par une batterie de quatre pièces de 27 que l'ennemi avoit à la maison de poste du vieux Kehl.

17; qu'il ne resteroit que deux cents grenadiers et une pièce de 4 dans le réduit 14, pour retarder l'établissement de l'ennemi dans l'ouvrage à corne, et faciliter la rentrée du pont volant : on avoit laissé à la rive droite les bateaux nécessaires à la retraite de ces grenadiers. On avoit aussi résolu d'abandonner, dans l'ouvrage à corne, deux pièces de 4, dont le feu, nourri avec beaucoup d'activité durant toute la nuit, devoit servir à empêcher l'ennemi de s'apercevoir de l'évacuation. Elle s'effectua heureusement, et comme elle avoit été ordonnée, si ce n'est que les grenadiers destinés à rester dans le réduit se jetèrent sur le pont volant lorsqu'on le fit repasser à la rive gauche, et que cet ouvrage, dont la conservation eût pu retarder d'un jour l'établissement de l'ennemi, se trouva abandonné, contre les intentions du général. On essaya de faire rembarquer ces mêmes grenadiers, et de leur faire reprendre le réduit; mais dès le point du jour l'ennemi étoit venu en force dans l'île, et travailloit déjà, malgré notre feu de la rive gauche, à se loger dans les fossés du réduit; et traverser le Rhin à sa vue, et en plein jour, étoit une chose impossible.

Nous restames maîtres encore de l'île de l'estacade et de celle des escargots, dans lesquelles nous communiquions avec des bateaux, et ces deux îles furent les seuls points qui nous restèrent à la droite de notre ligne de défense.

Le 17, vers les six heures du soir, après un feu violent de toutes ses batteries, prélude ordinaire de quelques coups de main, l'ennemi attaqua avec beaucoup de vigueur la partie gauche du camp retranché, la redoute du cimetière, et l'ouvrage à corne du Haut-Rhin; nous avions retiré toute la grosse artillerie de ces ouvrages, et nous y avions substitué des petits calibres. Il parvint à s'emparer du camp retranché, de la redoute du cimetière, et pénétra même dans la place d'armes et jusqu'à la barrière de l'ouvrage à corne; mais il fut ensuite repoussé par les 10.ᵉ et 62.ᵉ demi-brigades (1), qui le chas-

---

(1) Le citoyen Messeire, chef de bataillon de la 10.ᵉ demi-brigade de ligne, officier très-estimé, fut tué à cette attaque.

sèrent de la place d'armes et de la redoute du cimetière. Il n'emporta d'autre avantage de cette attaque, pour laquelle il avoit deployé beaucoup de forces, et où il perdit sept cents hommes, que celui de s'être logé dans la partie gauche du camp retranché, que les progrés de ses travaux nous eussent d'ailleurs bientôt forcés d'évacuer.

Le 18 et le 19 il continua d'avancer ses ouvrages, et travailla à perfectionner la batterie 25, déjà commencée, et à construire celle cotée 26, destinées toutes deux à détruire le pont de bateaux. La première commença à jouer le 19 après-midi : deux bateaux furent coulés bas dans la soirée, plusieurs furent endommagés; mais ces accidens furent réparés à l'entrée de la nuit, qui fut très-paisible de la part de l'ennemi. Au point du jour il recommença sur le pont de bateaux un feu si vif et si bien dirigé, qu'avant neuf heures cinq bateaux consécutifs étoient coulés bas, et presque tous les autres endommagés. Il étoit impossible de le réparer dans une partie, aussi vîte que le feu du canon l'eût détruit dans une autre, et l'on dut dès-lors regarder cette communication comme nulle et impraticable.

On voulut établir un pont volant au-dessous du pont de bateaux ; mais cette nouvelle communication eût été insuffisante : placée trop près de l'extrémité de notre gauche, elle eût été encore inquiétée par le canon, et eût exigé un grand détour pour arriver à Kehl. D'ailleurs ce fort n'étoit plus en état de soutenir une attaque de vive force un peu vigoureuse; presque toutes les palissades étoient renversées, les fossés comblés en partie par les éboulemens des parapets, et l'arrivée des renforts devenue très-difficile : vouloir s'y maintenir encore, c'étoit s'exposer à perdre entièrement les troupes et l'artillerie qui servoient à sa défense, et dont la retraite étoit devenue impossible. On ne pouvoit se promettre d'y résister encore long-temps. On se décida donc à l'évacuer. A dix heures du matin, pendant qu'on travailloit à l'établissement du pont volant inférieur, le général Désaix alla proposer cette évacuation au général Latour, et il fut convenu entre eux que les troupes autrichiennes entreroient à Kehl le 21 nivôse à quatre heures du soir. On travailla sur-le-champ

champ à rétablir le pont, qui fut praticable à deux heures. On n'eut donc guères que vingt-quatre heures pour tout enlever. Néanmoins on y mit une telle activité qu'on ne laissa pas à l'ennemi une seule palissade : tout fut ramené à la rive droite, jusqu'aux éclats de bombes et d'obus, et aux bois des plattes-formes. A quatre heures, lorsque l'ennemi en prit possession, à la vue d'une foule de curieux des deux nations que ce spectacle avoit attirés sur les bords du Rhin, il ne restoit absolument rien à Kehl que de la terre et des ruines, et l'on commença la démolition du pont.

Ainsi finit, après cinquante jours de tranchée ouverte, et cent quinze jours d'investiture (1), un des siéges des plus mémorables et des plus célèbres que puisse offrir l'histoire.

____

(1) Cette défense, dont la longue durée est aussi étonnante, qu'honorable pour l'armée de Rhin et Moselle, et pour les chefs qui l'ont dirigée, auroit pu être prolongée bien plus long-temps encore si le grand pont eût été entièrement rétabli en pilotis : on n'auroit craint ni les radeaux ni les glaces; on auroit toujours conservé une double communication, et au moment des attaques les réserves se seroient portées en avant avec bien plus de promptitude. Dans cette

En effet, on voit d'une part une armée nombreuse de soixante-six bataillons bien aguerris, fière d'avoir forcé son ennemi à la retraite, commandée par un prince à qui sa haute naissance donne un pouvoir magique sur des soldats déjà courbés sous le joug d'une discipline d'autant plus stricte

---

supposition l'ennemi eût été infailliblement chassé de la droite du camp retranché, le 12 nivôse au soir, et il eût perdu encore plusieurs jours avant que d'arriver au point où il se trouva parvenu. Qui sait d'ailleurs combien l'idée de conserver toujours une communication assurée eût influé sur le moral de nos troupes, et de quels efforts la certitude d'être toujours secourues à temps les eût rendues capables? Si on avoit eu de l'argent pour les travaux et pour soulager le soldat, on eût pu sans doute tirer bien meilleur parti de ses ressources, et faire acheter bien plus cher à l'ennemi la conquête de Kehl. De son côté il a mis une grande suite dans ses opérations, et beaucoup de constance dans la conduite de ses travaux; il paroît ne s'être jamais écarté du plan qu'il s'étoit tracé. Mais il eût pu donner à son artillerie une meilleure direction, placer des batteries à ricochet sur les prolongemens de nos ouvrages, ce qu'il n'a pas su ou voulu faire, et tirer ainsi meilleur parti de l'adresse de ses canonniers, qui ont paru très-exercés; il eût pu également, si cependant l'esprit de ses troupes le lui eût permis, et sans s'écarter de son système d'attaque méthodique et régulière, y mettre plus d'énergie et de vigueur.

qu'elle approche de la servitude ; on la voit déployer tout l'appareil d'un grand siége contre des retranchemens encore informes, mais dont la conquête est d'une extrême importance. Devenue circonspecte par les échecs qu'elle a reçus le 2 complémentaire et le 11 frimaire à Huningue, elle adopte un genre d'attaque qui doit la conduire à un succès assuré, mais tardif ; elle supplée à l'audace qui lui manque par l'immensité de ses travaux, fait le siége de quelques ouvrages détachés, déploie une artillerie formidable contre des masures occupées par des tirailleurs. Néanmoins, par l'opiniâtre constance de son adversaire, qui lui dispute le terrain pied à pied, elle est forcée de donner un assaut à chaque partie d'ouvrage où elle veut se loger, et perd ainsi en détail, dans une multitude de petits combats, plus de soldats qu'une attaque générale ne lui en eût couté. Enfin, après cinquante jours de fatigues et de travaux pénibles, elle arrive à son but, mais après avoir perdu six mille hommes (1), et consommé l'artillerie et les

____

(1) Suivant des calculs assez probables, la perte de

G 2

munitions nécessaires au siége d'une place de première ligne.

D'un autre côté, une place construite à la hâte en terre, dont quelques parties seulement sont revêtues, sans bâtimens, sans magasins, sans abri; liée à un camp retranché d'un grand développement, mais dont les principales défenses, consistant en flaques et en marais, se trouvent réduites à rien par la gelée; qui a, à la vérité, l'avantage de ne pouvoir être entièrement bloquée, et de conserver une communication facile avec Strasbourg; une telle place en impose assez à l'ennemi pour l'engager à ne rien donner au hasard, et à n'agir qu'avec la plus timide prudence (1). Quoique défendue par

l'ennemi pendant le siége se monte à six mille hommes environ tués sur le terrain, non compris celle qui résulte des suites des blessures et des maladies occasionées par la fatigue et la rigueur de la saison, non compris aussi les prisonniers et les déserteurs : le nombre de ces derniers n'a pas laissé que d'être considérable.

(1) Il faut avouer cependant que les attaques des 16 frimaire, 12 et 17 nivôse, ont été très-vigoureuses; mais l'ennemi attaquoit, avec des forces infiniment supérieures, des ouvrages ruinés par le canon, dont toutes les palissades étoient renversées, et où à la rigueur on eût pu pénétrer avec de la cavalerie.

des troupes harassées d'une longue retraite, auxquelles on ne peut fournir aussi promptement que leur position l'exigeroit les objets d'habillement et les soulagemens les plus indispensables, le terme de sa défense dépasse de beaucoup celui qu'on eût pu lui prescrire; et si elle subit enfin le sort inévitable des places assiégées qu'on n'a pu secourir, elle emporte en succombant la gloire d'avoir opéré une puissante diversion, et concouru par sa longue résistance à la conquête d'une des plus fameuses forteresses de l'Europe.

G 3

PRÉCIS CHRONOLOGIQUE

Des opérations de la campagne de l'an IV,

par l'armée de Rhin et Moselle (1).

Les armées françaises sur le Rhin ayant profité de l'armistice pour se reposer des fatigues de la campagne précédente , se trouvoient à la fin de germinal très-bien disposées à en recommencer une nouvelle. Celle de Sambre et Meuse surtout, forte de plus de soixante et dix mille hommes, avoit une superbe cavalerie , des équipages d'artillerie et de charrois nombreux et dans le meilleur état. Celle de Rhin et Moselle, qui occupoit le pays de Deux-ponts et les lignes de la Queich , étoit moins forte d'un tiers ; elle avoit proportionellement bien

____

(1) Quelques personnes ayant désiré que, pour rendre cet ouvrage d'un intérêt plus général, j'y joignisse un précis des opérations de la campagne de l'armée de Rhin et Moselle, je me suis décidé, quoiqu'avec peine, à livrer à l'impression ce tableau chronologique, que j'avois tracé rapidement pour un de mes amis qui occupe un poste important à l'armée d'Italie.

moins de troupes à cheval, presque pas de chevaux de transport ou d'artillerie; mais la bonne tenue et l'ordre de son infanterie ne laissoit rien à désirer.

Telle étoit notre situation sur le Rhin *Prairial.* lorsque l'ennemi rompit lui-même l'armistice dans les premiers jours de prairial. Le renouvellement des hostilités fut fixé au douze de ce mois.

L'armée de Rhin et Moselle étant destinée à forcer le passage du Rhin, on publioit, pour donner le change, qu'elle resteroit sur la défensive, et que celle de Sambre et Meuse auroit l'offensive durant toute la campagne. Celle-ci fut en effet la première à agir: dès le 13 elle passa la Sieg; le 14, elle força l'ennemi d'évacuer le camp d'Ukerath; le 16, elle le battit complettement à Altenkirchen, et le 19 elle avoit déjà pris position sur la Lahn.

Jusque-là les hostilités s'étoient bornées de notre côté à des reconnoissances et des affaires d'avant-postes. Dans la nuit du 19 au 20, l'ennemi disparut de devant nous; il évacua Kayserslautern, Tripstatt, Neu-

G 4

statt et Spire: il porta une partie de ses forces contre l'armée de Sambre et Meuse, et nous laissa prendre position sur la Spierbach. Le quartier général se porta le 21 d'Artzheim à Edickhoffen.

Wurmser, affaibli par le départ des corps que l'Archiduc avoit tirés de son armée pour s'opposer aux progrès des François sur la Lahn, s'étoit retranché derrière les bords marécageux du vieux canal d'Oggersheim, sa droite à Frankenthal, et sa gauche couverte par la Rehbach. Moreau l'attaqua dans cette position le 26, emporta ses retranchemens, lui tua et lui prit beaucoup de monde, et l'accula sous le canon de la tête de pont de Mannheim. Quoique cette affaire ne fût pas générale, elle fut très-vive ; nos troupes eurent de grands obstacles à franchir, et le courage qu'elles y déployèrent fut le présage des succès qui l'ont suivi.

Le 27, l'armée de Sambre et Meuse fut forcée d'abandonner la Lahn, et de se retirer, partie sur la rive gauche du Rhin, partie sur la Sieg : il étoit nécessaire pour la dégager que l'armée du Rhin effectuât promptement le passage projeté; aussi Moreau en pressoit-il vivement les préparatifs.

Le 2 Messidor il fit faire une reconnois- *Messidor.* sance sur le camp retranché en avant de la tête de pont de Mannheim, pour couvrir la marche de l'avant-garde qui devoit forcer le passage à Kehl; il envoya marquer son quartier-général à Turckheim, lorsqu'il devoit venir à vingt-cinq lieues de là, à la Ruprechtsau, et il fixa l'époque du passage à la nuit du 5 au 6.

Le 7 à midi, après l'établissement du pont, le gros de l'armée passa le Rhin, à l'exception du corps du général S. Cyr, qui n'arriva que quelques jours après.

Le 8, l'aile droite aux ordres du général Férino passa la Schutter et se porta à Langen-hurst. Une autre colonne, commandée par le général Beaupuis, marcha sur le camp de Wilstett; mais en débouchant du village de Kork, elle fut vigoureusement chargée en flanc par deux escadrons du régiment des cuirassiers d'Anspach, embusqués derrière un bois: les canonniers et les charretiers de l'artillerie légère qui étoit à la tête de la colonne, furent sabrés, avant d'avoir eu le temps de mettre leurs pièces en batterie ; mais heureusement la bonne contenance et le feu de mousqueterie de la 10.e demi-brigade d'infanterie légère, qui s'étoit jetée derrière les haies, arrêterent cette charge, et reparèrent le dèsordre : le camp de Wilstett fut emporté.

Le 9 on marcha sur le camp de Bihel, où s'étoient réunis le corps de Condé, les troupes des cercles, et les Autrichiens qui formoient le cordon. Wurmser marchoit à grands pas pour faire sa jonction avec eux; mais une de ses colonnes fut rencontrée et battue près d'Appenwihr par une des nôtres: l'ennemi evacua le camp de Bihel pendant la nuit, et le 10 au matin Férino s'empara d'Offenbourg.

Le 10, l'ennemi occupoit la fameuse position de Renchen, couvert par la rivière et le village de ce nom : la bataille s'y engagea d'une manière sérieuse. Après un combat long et opiniâtre, beaucoup de manœuvres de cavalerie et plusieurs charges de part et d'autre, la victoire se déclara pour nous :

nous primes à l'ennemi douze cents hommes et dix pièces de canon.

Le 14, une division aux ordres du général Laroche attaqua l'ennemi retranché sur la montagne de Knubis, en chassa le prince de Wirtemberg qui y commandoit en personne, emporta une redoute qu'il avoit sur le sommet, et lui prit quatre cents hommes, deux pièces de canon et deux drapeaux. Le même jour il y eut à l'aile droite une action très-vive entre Cappel et Endingen, dont le résultat, tout à notre avantage, força les Autrichiens d'abandonner le Brisgau.

Le 16, le général S. Cyr attaqua et enleva la position de Freudenstatt, après un combat très-opiniâtre. Férino s'empara le même jour de celle de Biberach dans la vallée de la Kintzig, et Sainte-Susanne, à la gauche, battit l'ennemi près de Baden sur la rivière d'Olbach.

Ces combats étoient le prélude de la bataille qui devoit avoir lieu le 17 en avant de Rastadt. L'ennemi avoit sa droite appuyée au Rhin, et sa gauche à Guersbach, s'étendant le long de la Murg. L'attaque fut

générale : il fut obligé de céder à notre impétuosité et à notre audace, et il fut forcé d'abandonner Rastadt et de se retirer sur Etlingen.

L'archiduc se renforça dans cette position
de toutes les troupes qu'il avoit pu recevoir
du Main, où il n'avoit laissé que trente
mille hommes sous les ordres de Wartens-
leben. Il attendoit pour nous attaquer l'arrivée prochaine d'un corps de douze mille
Saxons; mais Moreau le prévint, l'attaqua
le 21, et le battit complettement après un
combat très-opiniâtre. Partout l'ennemi opposa la plus vive résistance, et partout il fut
forcé de céder. Le prince Charles chargea
lui-même à la tête de sa cavalerie; mais les
habiles manoeuvres de notre réserve, conduite par Désaix, et le feu bien dirigé de notre
artillerie légère, rompirent tous ses efforts.
Le résultat de cette bataille, la deuxième en
cinq jours, fut décisif; l'ennemi fut forcé
d'abandonner toute la rive droite du Rhin.
Il jetta des garnisons dans Mannheim et
Philipsbourg, et se retira vers le Necker en
arrière de Pfortzheim, nous abandonnant
Dourlach et Carlsruhe.

Le 26, l'aile du général Férino acheva de chasser l'ennemi de la vallée de la Kintzig. Le 27, l'ennemi, près d'être attaqué à Pfortzheim, l'évacua, et commença à effectuer sa retraite en arrière du Necker. Le 28, une division aux ordres du général Laborde passa le Rhin à Huningue, et par cette opération tout le Brisgau et le Haut-Margraviat se trouvèrent entièrement balayés.

Le 30, le centre, aux ordres du général S. Cyr, qui avoit pris position à Weil derrière la Wirm, se porta sur Stuttgard, battit l'avant-garde ennemie qu'il rencontra en avant de la ville ; il l'en chassa, et força l'ennemi de faire repasser le Necker au gros de son armée. Un corps assez considérable resta néanmoins sur la rive gauche ; mais il ne put s'y maintenir que jusqu'au 3 Thermidor, où, à la suite d'un combat très-vif, il fut forcé de nous laisser entièrement maîtres de toute cette rive, et ne put même entreprendre de nous disputer le passage du Necker.

Thermidor.

L'aile gauche de Désaix s'étoit portée simultanément à Waihingen sur l'Enz, et le lendemain elle descendit cette rivière jusqu'à son embouchure dans le Necker, pour contenir un corps considérable que l'ennemi avoit vers Heilbronn.

Toujours forcé de positions en positions, l'ennemi s'établit successivement entre Canstatt et Eslingen, à Gmund, Bemenkirch, Aalen et Noerdlingen. Férino marchoit, sa droite au lac de Constance, sa gauche au Danube; notre aile gauche appuyoit à la Rems, petite rivière qui se jette dans le Necker; le centre avançoit par la gorge de la Fils, et un corps aux ordres du général Duhem marchoit entre la Fils et le Danube.

L'armée de Sambre et Meuse, après le passage du Rhin, avoit repris l'offensive; elle avoit pénétré sur le Main, pris Koenigstein, Wurtzbourg, et étoit à cette époque aux portes de Bamberg; elle communiquoit avec nous, mais avec beaucoup de difficultés, par Heilbronn.

Le 16, notre aile gauche s'étoit avancée à Aalen, et le centre, après une affaire assez chaude, avoit emporté Heydenheim et pris position sur la Brenz; l'armée ennemie se retiroit sur Noerdlingen et Donawerth.

Le 21 , le 22 et le 23 se passèrent en attaques d'avant-gardes et en reconnoissances où nous fimes quelques centaines de prisonniers.

Arriva enfin cette fameuse journée du 24, une des plus glorieuses de la campagne pour l'armée du Rhin, et des plus intéressantes par ses résultats. Le prince Charles s'étoit renforcé à Nœrdlingen de tout ce qu'il avoit pu tirer de la Gallicie et de l'intérieur de l'Autriche ; il se flattoit de l'espoir de nous battre et de nous forcer à repasser le Rhin. Le 24 il nous attaqua sur toute notre ligne. Notre position étoit en avant de Neresheim, nos flanqueurs de droite s'étendant à Ober-Medingen, et ceux de gauche à Bopfingen. Il dirigea ses plus grands efforts sur notre droite, qu'il enfonça ; ses partis vinrent gagner nos derrières , et arrivèrent à Heydenheim où étoit le quartier-général, qui fut obligé de se retirer à Kœnigsbronn ; il parvint aussi à repousser une demi-brigade qui joignoit la gauche du centre à la droite de notre aile gauche, et à tourner celle-ci. Notre situation devint

d'autant plus critique que la route d'Heydenheim étoit interceptée, et que celles
d'Aalen et de Kœnigsbronn étoient très-
mauvaises. Moreau fit marcher la réserve
de cavalerie, qui réussit à boucher la trouée
que l'ennemi avoit faite à la droite de notre
aile gauche, et à rétablir le combat dans
cette partie ; il envoya aussi un corps de
troupes reprendre Heydenheim : enfin, après
la plus belle résistance de la part du corps
du général S. Cyr, contre lequel l'ennemi
avoit dirigé ses plus grands efforts, et qui
conserva sa position quoiqu'entièrement
débordé, le champ de bataille nous demeura
après quinze heures du combat le plus opiniâtre (1). L'ennemi vit échouer ses dernières
espérances, et il éprouva que la constance
inébranlable de nos troupes dans la défensive
ne le cédoit pas à leur audace dans l'attaque.
Son épuisement après cette bataille le força
de quitter dans la nuit son camp de Nœrd-

---

(1) La réserve de cavalerie, l'artillerie légère, les
10.ᵉ et 21.ᵉ demi-brigades d'infanterie légère, les 10.ᵉ,
62.ᵉ et 106.ᵉ de ligne, furent les corps qui contribuè-
rent le plus à la victoire.

lingen,

lingen ; il vint passer le Danube à Donau-
werth , et en brûla le pont.

Le 26 , le corps du général Férino eut
une affaire avec l'armée de Condé à Kam-
lach ; les émigrés furent complettement
battus et mis en déroute.

L'archiduc s'étoit retiré derrière la Lech :
l'armée de Rhin et Moselle fut obligée de
venir des bords de la Wernitz passer le
Danube à Hochstett (1) , Dillingen et
Lauingen ; il ne resta sur la rive gauche
de ce fleuve qu'un corps destiné à entretenir la communication avec l'armée de
Sambre et Meuse.

Le 2 fructidor l'armée prit position derrière la Zusam, et le 3 derrière la Schmut-
ter, les avant-postes avancés jusque sur la
Lech.

L'armée ennemie étoit divisée en trois
corps, campés à Rain, à Friedberg, et à
Landsberg; cette dernière position étoit oc-

---

(1) Nous retrouvames à Hochstett des drapeaux
Français qui nous avoient été pris à la fameuse
bataille de ce nom. Une singularité remarquable, c'est
que nous sommes arrivés à Hochstett le 13 août,
jour anniversaire de cette bataille.

H

cupée par les émigrés. En outre le corps du général Froehlich, et celui du général Wolff, étoient en opposition du général La Borde, campé à Wangen.

Le prince Charles, qui s'étoit porté avec une partie de ses forces contre l'armée de Sambre et Meuse, avoit forcé cette armée à la retraite, lorsque nous étions devant la Lech, et depuis, une suite de circonstances malheureuses ayant forcé Jourdan de se retirer d'abord jusque sur la Sieg, et de là jusqu'au camp retranché de Dusseldorff, le flanc gauche de l'armée du Rhin, éloignée de cent lieues de ses frontières, se trouva absolument sans appui. Néanmoins ce fut dans l'intention de dégager l'armée de Sambre et Meuse, que Moreau se détermina à forcer le passage de la Lech, espérant par là obliger l'archiduc de revenir sur ses pas pour défendre l'Iser.

On fit jusqu'au 6 les dispositions et les reconnoissances nécessaires pour cette opération.

Quoique le corps de Latour, placé à Friedberg, eût la meilleure position, Moreau se décida à l'attaquer de préférence, par l'espoir de trouver plus facilement des gués dans cette partie.

Le 7 au point du jour toute l'armée étoit rassemblée sur la rive gauche de la Lech, l'aile droite avec Férino près de Haustetten, le centre avec S. Cyr en avant d'Augsbourg, et la gauche aux ordres de Désaix devant Langweid. L'aile droite passa la première à un gué; lorsqu'elle eut traversé la plaine et gagné les hauteurs de Kussing, S. Cyr effectua le passage, aussi à gué, près d'Augsbourg, au-dessus et au-dessous de Lechhausen. Lorsque les ponts que l'ennemi avoit coupés furent rétablis, et que toutes les troupes furent passées, on attaqua le corps de Latour à Friedberg; on le battit; on lui prit deux drapeaux, seize pièces de canon, douze cents prisonniers, son aide de camp, et l'armée se porta quatre lieues en avant de la Lech (1). L'aile gauche effectua aussi un passage avec de la cavalerie et de l'infanterie, mais, ne

___

(1) L'adjudant-général Houel, officier de mérite, fut emporté avec son cheval par la rapidité du courant, et noyé.

H 2

pouvant passer d'artillerie, elle ne put beaucoup s'avancer.

Du 7 au 15, l'armée s'avança jusqu'à Pfaffenhoffen, la droite à Dachau et la gauche à Bornbach. Il n'étoit guères possible qu'elle s'avançât davantage sans de grandes précautions : l'ennemi avoit une garnison dans Ingolstadt, et il en occupoit la tête de pont ; Latour étoit à Munich derrière l'Iser et Mercantier à Landshut, et, en s'avançant entre cette rivière et le Danube pour marcher vers Ratisbonne, nous eussions prêté les deux flancs à l'ennemi. Notre avant-garde de l'aile gauche fut attaquée par les corps réunis de ces deux généraux (1), et forcée de se retirer jusqu'à Langenbruck ; mais les Autrichiens finirent par être repoussés avec une perte considérable (2).

Le 17 S. Cyr attaqua l'ennemi à Freysing, et le suivit avec une telle impétuosité qu'il ne lui donna pas le temps de couper le

(1) Dix bataillons revenus de devant l'armée de Sambre et Meuse, se trouvoient à cette affaire.

(2) Les carabiniers et l'artillerie légère, et sur-tout la compagnie du citoyen Mosel, se sont particulièrement distingués à cette affaire.

pont de l'Iser. Le 21, il y eut une affaire d'avant-garde à Mainbourg, où l'ennemi perdit 450 prisonniers et une pièce de canon ; il fut également battu à Mosbourg, où nous nous emparames d'un autre pont de l'Iser.

La position de l'armée de Rhin et Moselle commençoit à devenir au moins *singulière*, et il falloit être bien assuré de la constance et de la fermeté des troupes pour oser se maintenir aussi loin de ses frontières dans une situation si critique. Néanmoins, avant de songer à la retraite, on fit encore une tentative pour dégager l'armée de Sambre et Meuse, et lui aider à reprendre l'offensive. Dans la nuit du 24 au 25, le général Désaix se mit en mouvement avec un corps de troupes pour passer le Danube à Neubourg et se porter vers Nuremberg. Son objet étoit de donner de l'inquiétude au prince Charles sur ses derrières ; il s'avança le 26 au-delà d'Aichstatt, et le 28 à Haideck : mais apprenant que l'archiduc avoit ordonné de ne rien laisser passer sur cette route, voyant qu'il ne pouvoit rien faire d'important, et courant risque d'être lui-même enveloppé, il prit le parti de se rapprocher de l'armée. Il repassa le Danube à Neubourg le 30, et alors la totalité de notre armée se trouva sur la rive droite de ce fleuve.

Le général Latour avoit fait passer à la rive gauche du Danube le corps de Nauendorf, pour observer celui de Désaix ; il avoit fait avancer à grandes journées ceux de Mercantier et de Condé ; il avoit fait passer la Lech vers Landsberg à celui du général Froehlich, pour inquiéter nos derrières. Nous eumes quelques affaires d'avantgarde entre Potines et Neubourg ; la route de Neubourg à Rain fut interceptée un moment par des partis ennemis, qui enlevèrent un courrier et quelques administrations : mais l'ennemi n'eut pas le moindre succès décisif.

La division que nous avions laissée entre la Lech et le lac de Constance, fut aussi attaquée par un corps autrichien renforcé par de la cavalerie de Wurmser, qui s'étoit retiré d'Italie par les montagnes du Tyrol.

Les partis ennemis parvinrent jusqu'à Memmingen. Férino fit partir de Landsberg le général Abatucci, pour secourir cette division; mais à son approche l'ennemi étoit déjà battu par les brigades des généraux Tarreau et Paillard.

Le 1.er complémentaire, l'armée reprit *Jours complémentaires.* Potines, et fit une marche de flanc par sa droite pour se déployer en avant des débouchés des ponts de la Lech. Le 2 elle prit position sur la Par, et les flanqueurs ennemis furent repoussés jusqu'à Schrobenhausen.

C'est à la même époque que des détachemens de l'armée du prince Charles, et des garnisons de Mannheim et de Philipsbourg, inquiétoient Kehl, et même la rive gauche du Rhin; des partis vinrent lever des contributions à Wissembourg, et se présentèrent jusqu'à Reschewoog. Ces circonstances, et la crainte que l'ennemi ne nous ôtât l'appui du lac de Constance en nous enlevant Bregenz et Lindau, exigeoient que l'armée prît une position plus resserrée, afin d'être à même de détacher un corps de troupes pour dégager et couvrir ses communications. Moreau se détermina à venir prendre position derrière l'Iller, entre le lac de Constance et Ulm.

L'armée partit le 3 dans la nuit pour repasser la Lech. L'aile gauche passa par Rain, le reste sur les ponts près d'Augsbourg; les avant-gardes restèrent sur la rive droite de cette rivière. Le 4 elle prit position derrière la Zusam; le 5, derrière la Mindel.

Vendé-
miaire. Le 1.er Vendémiaire, elle se retira derrière la Gunz, et prit position, la droite à Wattenweiler, et la gauche au Danube, les avant-gardes sur la Mindel.

L'armée de Sambre et Meuse ne reprenant point l'offensive, celle de Rhin et Moselle continua sa retraite de position en position, en longeant le Danube par son flanc gauche. Le 9 elle étoit dans les environs de Buchau, la gauche entre le lac de Federsée et le Danube, la droite au-delà de ce lac. Notre avant-garde fut attaquée à l'abbaye de Schussenried, et Désaix le fut aussi à la gauche; mais l'ennemi fut repoussé partout avec perte de trois cents prisonniers dont cinq officiers.

Moreau, habile à épier les fautes de son ennemi pour en profiter, saisit l'occasion d'un mouvement mal concerté entre le corps du général Nauendorf et celui du général Latour, qui laissoit celui-ci à découvert. Il le battit complettement à Biberach, le 11, lui prit cinq mille hommes et soixante-cinq officiers, deux drapeaux et dix-huit pièces de canon.

Cette victoire, quoique complette, ne suffisoit pas pour dégager notre armée et assurer sa retraite. Les généraux Petrasch et Nauendorf s'étoient emparés des sources du Danube, et occupoient les positions de Rothweil, Willingen et Donau-Esching. Les villes forestières étoient aussi occupées par des troupes autrichiennes et des paysans armés. Il falloit forcer les gorges de la forêt noire et ouvrir le passage des villes forestières. Une division fut chargée de ce dernier objet, et de ramener les bagages de l'armée par Huningue. Moreau laissa devant le général Latour, battu à Biberach, ce qui étoit nécessaire pour le contenir, et fit attaquer par le reste de son armée Rothweil et Willingen, qui furent emportés. Le centre, commandé par S. Cyr, se porta en avant pour forcer le fameux passage du val d'Enfer, y réussit après de grands efforts, et le 21 il prit position en avant de Fribourg. L'aile gauche, les convois et les bagages défilèrent le 22, le 23 et le 24, sous la protection de l'aile droite, et cette brave armée, que l'ennemi s'étoit flatté de prendre entière, dut son salut à son courage, à sa constance et à l'habileté de son chef (6).

---

(1) La savante retraite du général Moreau ne lui a pas seulement attiré la reconnoissance de ses compatriotes : on me saura gré de transcrire ici le jugement qu'en ont porté ses ennemis même ; c'est le plus bel éloge qu'on en puisse faire. Voici comme en parle un journal rédigé par des émigrés.

......*Il commença vers la mi-septembre cette retraite, trop vantée par les uns, trop dépréciée par les autres, mais qui, estimée par ses effets comme par ses difficultés, donne à ce général, sur la reconnoissance des Français, des droits bien supérieurs à ceux des généraux qui se sont distingués dans cette campagne. Ce n'est pas avec des talens ordinaires qu'on peut amener une armée victorieuse des bords du Rhin à ceux de l'Iser, et la ramener, victorieuse encore, de l'Iser au Rhin, lorsque, manquant tout à la fois de l'appui des deux armées*

Elle se retrouva à portée de défendre nos frontières, et fut immortalisée par une retraite plus brillante encore que ses victoires.

Les 27, 28 et 29, il se livra plusieurs combats dans les vallées d'Enfer, de S. Pierre et de S. Mergen, sur l'Eltz, à Kentzingen, à Neubourg, dans lesquels nos troupes se conduisirent avec leur valeur accoutumée, et l'ennemi ne put réussir à nous entamer. Mais le prince Charles ayant réuni toute son armée, et la nôtre n'étant pas en situation de pouvoir se maintenir sur la rive droite, le corps du général Désaix repassa le Rhin à Brisach, et le reste de l'armée effectua sa retraite sur Huningue.

Le 1.er Brumaire, nous avions notre *Bru-maire.*

---

dont elle devoit former le lien, elle semble, au milieu de mille dangers, dévouée à une destruction inévitable. Concentrer avec soin toutes ses troupes; placer au milieu d'elles ce qui fait la force d'une armée, l'artillerie et les munitions; paroître incertain sur sa route, pour donner le change à son ennemi; observer tous ses mouvemens et mettre à profit toutes ses fautes, tels sont les moyens qui frappent le plus dans la conduite de Moreau, etc. Pages 59 et 61 du Spectateur du Nord. Janvier 1797.

droite à Kaudern, et le centre à Schlingen. L'ennemi nous attaqua, et fit tous ses efforts pour tourner notre droite et gagner avant nous Eimeldingen. Dans cette vue il attaqua aussi Rhinfelden, mais sans succès; nos troupes soutinrent ses attaques, et il ne put faire aucun progrès. Le 4 l'armée prit position à Haltingen, et le 5 elle repassa le Rhin à Huningue; la bonne contenance de son arrière-garde empêcha l'ennemi de l'inquiéter.

Le siége de Kehl, dont on fut ensuite occupé, dura jusqu'au 21 nivôse, et l'évacuation de la tête de pont d'Huningue, qui eut lieu le 14 pluviôse, termina entièrement la campagne.

F I N.

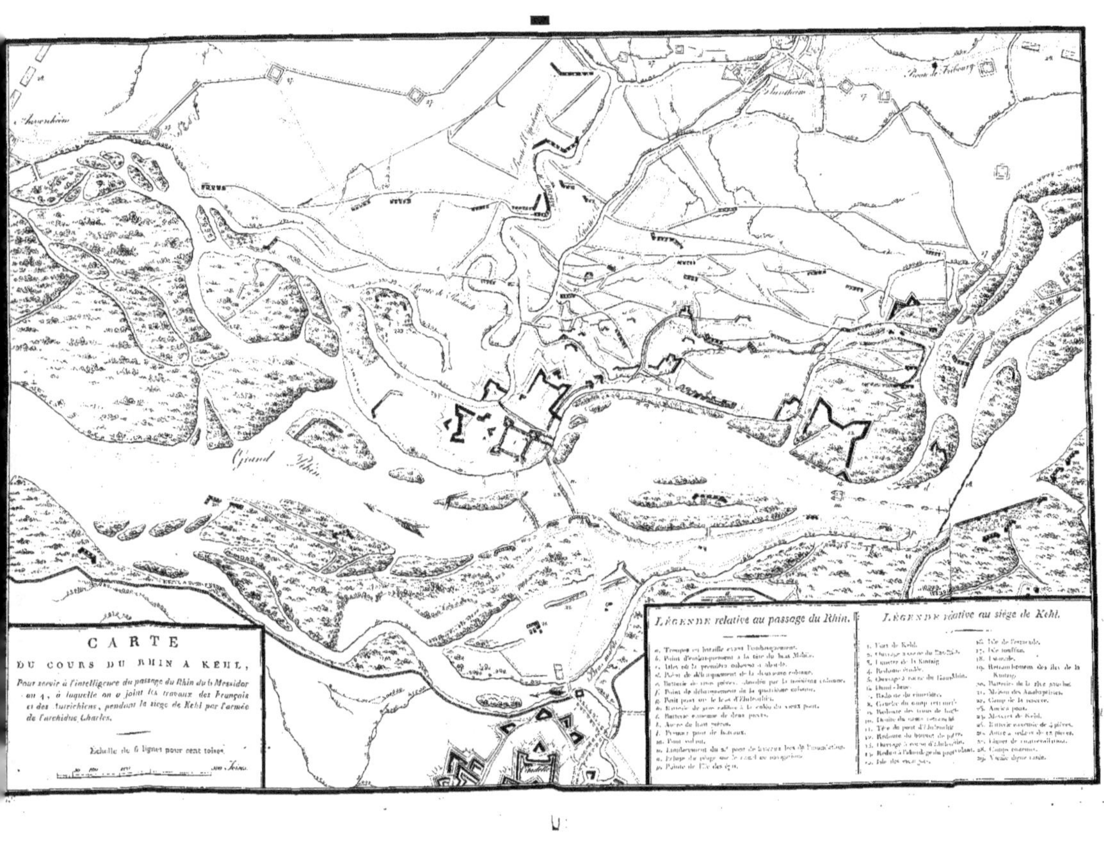

Plan de Fribourg
Grand Rhin

CARTE
DU COURS DU RHIN A KEHL,
Pour servir à l'intelligence du passage du Rhin du 6 Messidor
an 4, à laquelle on a joint les travaux des François
et des Autrichiens, pendant le siege de Kehl par l'armée
de l'archiduc Charles.

Echelle de 6 lignes pour cent toises.

LÉGENDE relative au passage du Rhin.

a. Troupes en bataille avant l'embarquement.
b. Point d'embarquement à la tête du bas Méline.
c. Îles où la première colonne a abordé.
d. Point de débarquement de la deuxième colonne.
e. Batterie de trois pièces, abordée par la troisième colonne.
f. Point de débarquement de la quatrième colonne.
g. Pont pour sur le bras d'Hintenhim.
h. Batterie de pro relative à la redoute du vieux pont.
i. Batterie enterré de deux postes.
k. Aute de haut métron.
l. Premier pont de bateaux.
m. Pont volant.
n. Emplacement du 2e pont de bateaux lors de l'inondation.
o. Filage du piège sur le canal en navigation.
p. Pointe de l'Île des ...

LÉGENDE relative au siège de Kehl.

1. Fort de Kehl.
2. Ouvrage à corne du Bastion.
3. Lunette de la Kintzig.
4. Redoute double.
5. Ouvrage à corne du Haut-Rhin.
6. Demi-lune.
7. Redoute du cimetière.
8. Gorche du camp retranché.
9. Redoute des trous de loup.
10. Droite du camp retranché.
11. Tête de pont d'Hintenhim.
12. Redoute du bosquet de pierre.
13. Ouvrage à corne d'Hintenhim.
14. Redoute à l'abordage du pont volant.
15. Île des escargots.
16. Île de l'esperade.
17. Île souffan.
18. Esterade.
19. Retranchement des îles de la Kintzig.
20. Batterie de la rive gauche.
21. Maison des Anabaptistes.
22. Camp de la reserve.
23. Ancien pont.
24. Masure de Kehl.
25. Batterie enterrée de 4 pièces.
26. Autre à enterrée de 12 pièces.
27. Lignes de ...
28. Camp ...
29. Vieille digue cassée.

9 782329 058559